Als die Mainzel-männchen laufen lernten

Rainer Holbe

Als die Mainzelmännchen laufen lernten

50 Jahre ZDF

Kösel

Für meine Töchter
Julia und Miriam

MIX
Papier aus verantwortungsvollen Quellen
FSC® C004592

Verlagsgruppe Random House FSC-DEU-0100
Das für dieses Buch verwendete FSC®-zertifizierte Papier *Hello Fat Matt 1,1*
liefert Condat, Le Lardin Saint-Lazare, Frankreich.

Umschlag: Monika Neuser, München
Umschlagmotive: siehe Seite 226
Herstellung und Layout: Armin Köhler, Vaterstetten
Druck und Bindung: Firmengruppe APPL, aprinta druck, Wemding
Printed in Germany
ISBN 978-3-466-34583-0

www.koesel.de

Inhalt

Achtundzwanzig Millionen

Mein Leben mit Fernsehen, Radio und Druckerschwärze | Ein Vorwort

Am frühen Abend des 1. April 1963 gingen in einer alten Bauernscheune in Eschborn am Taunus die Lichter an. Es waren grelle Lampen, die das Gesicht eines Hochschulprofessors namens Karl Holzamer ausleuchteten, der wenige Minuten später der Nation die Existenz eines zweiten deutschen Fernsehprogramms verkünden sollte. Holzamer wurde als Intendant der Chef des Unternehmens – und er sollte es viele Jahre bleiben.

Es war ein historischer Moment. Und ich bin dabei gewesen. Als Zuschauer vor dem Apparat, aber auch als unmittelbarer Nachbar des ZDF-Sendezentrums. Damals wohnte ich im Hause meiner Eltern im Alten Höchster Weg, gegenüber den Baracken von »Telesibirsk«, wie die ZDF-Pioniere ihr Provisorium nannten.

Als Redakteur der *Frankfurter Rundschau* hatte ich bereits mehrmals über das kühne Projekt berichtet, schon als es noch die »Freie Fernsehen GmbH« gab, das spätere »Adenauer Fernsehen«. Als dessen Pläne durch das Verfassungsgericht gestoppt worden waren, herrschte in den Baracken tiefste Depression. Ein paar Jahre danach jedoch entstand neues Leben aus den Ruinen: das ZDF hatte sich rechtmäßig als Alternative zum ersten Fernsehprogramm, der ARD, etabliert.

Für meine Zeitung habe ich über diese Anfänge ausführlich berichtet, habe in den umliegenden Kneipen mit Wim Thoelke und Erich Helmensdorfer Äppelwoi getrunken und die ersten TV-Matadore Jochen Breiter und Carl Weiß interviewt, der die

»heute«-Nachrichten am Eröffnungsabend um 19.35 Uhr moderierte. Dauer: 23 Minuten und 30 Sekunden. Auch Dieter Kürten und Harry Valérien sind mir damals begegnet und bestimmt auch Dieter Stolte, der als Persönlicher Referent des Intendanten zwischen dem Sendezentrum in Eschborn und dem Verwaltungssitz in Mainz hin- und herpendelte.

Das Leben eines Menschen schlägt bisweilen unerwartete Kapriolen. Wie hätte ich damals denken können, dass meine Zeitungsartikel über die Anfangszeiten des ZDF etwas mit meiner späteren beruflichen Laufbahn zu tun haben sollten?

Wie hätte ich wissen können, dass ich gar eines Tages ein Buch über die ersten fünfzig Jahre des ZDF schreiben würde, ein Buch zum Jubiläum, aber auch eine Eloge auf ein besonderes Programm. Während eines halben Jahrhunderts wurden unzählige Live-Sendungen ausgestrahlt, Spielfilme, Dokumentationen und Unterhaltungsshows produziert. Die frühen Mitarbeiter sind längst in Pension gegangen, viele leben nicht mehr. Für dieses Buch kann ich nur eine beschränkte Auswahl treffen. Natürlich gab und gibt es wunderbare Fernsehfilme, Krimi-Serien, Shows und politische Beiträge, die gewürdigt werden sollten. Ich möchte hier jedoch vor allem über Projekte berichten, bei deren Realisierung ich Augenzeuge war. Und über Menschen, denen ich von Angesicht zu Angesicht begegnet bin, wie beispielsweise Eduard Zimmermann oder Peter Frankenfeld, Dieter Stolte und Thomas Bellut, Maybrit Illner und Bettina Schausten.

Als Journalist der *Frankfurter Rundschau* hatte ich mich 1961 bei einem Quizmasterwettbewerb des Hessischen Rundfunks beworben, um sozusagen Undercover – als eine Art früher Wallraff – über das Prozedere einer solchen Talentsuche zu berichten. Der populäre Hans-Joachim Kulenkampff moderierte die Hörfunksendung, die von allen ARD-Stationen übernommen

Vom Reporter zum Kandidaten: Rainer Holbe gewinnt den ARD-Quizmaster-wettbewerb, der von Hans-Joachim Kulenkampff (links) moderiert wurde.

wurde. Das Publikum hatte schließlich zu entscheiden, wer von den 1.800 Bewerbern auf dem Siegertreppchen stehen sollte. Das Ergebnis war unglaublich: Die Wahl fiel auf mich. Dabei hatte ich niemals zuvor auf einer Bühne gestanden, vor einem Mikrofon oder gar vor einer Kamera. Als preisgekrönter Gewinner durfte ich einen Quizabend im Sendesaal des *Norddeutschen Rundfunks* moderieren, mit Dunja Rajter, Fred Bertelmann und dem Orchester Alfred Hause im Rahmenprogramm. Irgendjemandem aus der Radio-Hierarchie scheint das gefallen zu haben, denn man bot mir eine Reihe von öffentlichen Auftritten an, unter anderem als Conférencier für den damals allseits beliebten »Frankfurter Wecker«, der Showgrößen wie Peter Frankenfeld, Heinz Schenk und Hans-Joachim Kulenkampff vor seinen Mikrofonen vereinte.

Meine Nebentätigkeit bei den Gauklern und Feuerschluckern wurde von den Kollegen in der Zeitungsredaktion mehr und mehr mit Misstrauen beäugt.

Als mich mein Chefredakteur Karl Gerold vor die Alternative stellte, entweder als ernsthafter Zeitungsredakteur weiter in seinem Ensemble zu spielen oder als öffentlicher Spaßmacher weiterzumachen, entschied ich mich für die Welt des schönen Scheins.

Leicht gemacht wurde mir die Wahl freilich durch zwei verlockende Angebote. Helmut Markwort hatte seinen Arbeitsplatz beim Düsseldorfer *Mittag* verlassen, um gemeinsam mit Hubert Burda neue Projekte zu kreieren. Und der ZDF-Redakteur Dieter Weber suchte einen Moderator für die Sendereihe »Starparade«, nachdem ich kurz zuvor mit Carlheinz Hollmann »Die Show-Chance« in München moderiert hatte, sozusagen als Bildschirmtest.

Ich entschied mich für beide Wege. Als Rhein-Main-Korrespondent für die *Bild und Funk* berichtete ich fortan regelmäßig über das Geschehen beim ZDF und *Hessischen Rundfunk*. Als frisch gekürter Moderator der »Starparade« war ich gleichzeitig auch ein »*Mainzelmännchen*«. Kurz nach Sendebeginn machte ich mit meinem Chefredakteur Helmut Markwort einen Antrittsbesuch in den verschiedenen ZDF-Redaktionen. Damals war uns nicht klar, welche Entwicklung der neu geschaffene Sender nehmen würde.

Es gab kaum eine TV-Größe, über die ich nicht berichtet hätte. Gemeinsam mit dem Fotoreporter »Bobbes« Göttert produzierte ich Homestories über Anneliese Rothenberger, Wim Thoelke und die Riege der Ansagerinnen von Mady Riehl bis Ute Zingelmann. Ich berichtete vor Ort über die großen Live-Sendungen wie »Wünsch Dir was«, »Der Goldene Schuss« oder die »Peter Alexander Show«. Nach einer der Generalproben in Hamburg hatte Alexander Lust auf einen Kinobesuch und bat mich, ihn zu begleiten. Es gab den James-Bond-Film »Der Mann mit dem Goldenen Colt«, und wir reihten uns ein in die Warteschlange vor der Kasse. Kein Mensch erkannte »Peter den

HELMUT MARKWORT

Es kam anders als gedacht

»Ich habe geglaubt, dass es so eine Art Nebenläufer der ARD werden wird«, erinnert sich Markwort, ehemaliger Chefredakteur von *Bild+Funk* und jetziger *Focus*-Herausgeber. »Wir haben damals gesagt, man solle es ›Zentrales Deutsches Fernsehen‹ nennen und nicht ›Zweites Deutsches Fernsehen‹, weil es im Gegensatz zu der zersplitterten ARD eine zentral steuerbare Anstalt gewesen wäre. Aber dass es so gleichrangig werden würde, konnte ich zu dieser Zeit nicht erkennen.«

Großen«, der vorsichtshalber seinen Pepita-Hut tief in die Stirn gezogen hatte. Und im Kino selbst ist es bekanntlich dunkel. Danach sind wir uns noch ein paar Mal begegnet. Einmal sprang Peter Alexander als Prominenter spontan für mein TV-Quiz »Der verflixte Monat« ein, weil ein anderer Gast abgesagt hatte. Ein andermal saßen wir in weinfroher Runde in einem Wiener Beisl zusammen, mit seiner Frau Hilde, ohne die er niemals ausgegangen wäre.

Auch mit Ilja Richter gab es eine freundschaftliche Beziehung. Völlig überraschend platzte er einmal mit seiner Mutter in eine Silvesterfeier in unserem Luxemburger Haus. Die beiden hatten sich einfach ins Flugzeug gesetzt, waren mit dem Taxi

»Deutschlands liebster Schwiegersohn« – der Titel wurde Rainer Holbe einst vom Intendanten persönlich verliehen.

nach Rameldange gefahren und hatten an der Tür geklingelt. Gemeinsam mit den anderen Gästen – auch Dieter Kürten und sein Clan waren dabei – zogen wir mit Fackeln in den Wald, um das neue Jahr im dunklen Tann zu begrüßen. Es regnete, es war matschig und überhaupt keine gute Idee.

Horst Tappert bin ich zufällig im Englischen Garten in München begegnet. Er war als Gangsterchef mit dem Krimi-Dreiteiler »Die Gentlemen bitten zur Kasse« berühmt geworden, bis er es als Oberinspektor Derrick zu Weltruhm brachte. Das ZDF exportierte die Serie in fast alle Länder der Erde. An diesem Vormittag kehrten wir in den Biergarten am »Chinesischen Turm« ein, und ich besorgte uns am Buffet zwei Tassen Kaffee. Tappert, der gemeinhin als eher zurückhaltend und spröde galt, gab sich an diesem Tag total entspannt. Schließlich hatte er drehfrei, was nicht oft passierte.

Mit der Zeit führte allerdings meine doppelte Tätigkeit als Illustrierten-Reporter und Mitarbeiter des ZDF zu Interessenkonflikten. Ich verabschiedete mich vom Burda-Verlag, doch noch heute fühle ich mich Helmut Markwort freundschaftlich verbunden. Mit dem Ende meiner Korrespondenten-Tätigkeit machte ich eine merkwürdige Erfahrung. Von einem Tag auf den anderen wurde ich durch die Präsenz im Fernsehen selbst zum Ziel der Begierde. Ehemalige Kollegen baten mich um Zustimmung zu Homestories, jener Geschichten hinter den Kulissen der Prominenz, die ich selbst oft genug mit anderen produziert hatte. Während mein Bernhardiner »Josef« und sein Nachfolger – der Neufundländer »Bobby« – nichts gegen Fotografen im Haus einzuwenden hatten, weigern sich meine Töchter bis heute, mit mir zusammen für die Öffentlichkeit fotografiert zu werden. Miriam im O-Ton: »Es ist dein Job!«

Damals begann für mich eine intensive Zeit im ZDF, kaum ahnend, zu welchen Höhenflügen die »Starparade« in der Beliebtheitsskala der Fernsehzuschauer fähig war.

Die »Starparade« mit dem Orchester James Last entwickelte sich nach der schwarz-weißen Premiere in der Siegener Stadthalle zum Quotenhit. An guten Tagen versammelten sich 28 Millionen Zuschauer vor dem Bildschirm, so viel wie heute beim Endspiel einer Fußball-Weltmeisterschaft.

Aus heutiger Sicht war das keine besondere Leistung: Denn es gab zu dieser Zeit nur zwei Fernsehprogramme sowie Absprachen zwischen der ARD und dem ZDF: »Wenn wir mit einem politischen Magazin auf die Antenne gehen, macht ihr auf Unterhaltung!«

In den Familien gab es die Tradition des heiligen Fernsehabends. Groß und Klein versammelte sich vor dem Gerät wie vor einem Mirakel. Salzstangen wurden verteilt und das ein oder andere Gläschen Moselwein serviert. Es war eine Zeit, da selbst Hunde deutschlandweite Popularität genossen, wie »Jacky« in Robert Lemkes »Was bin ich?«. Oder der Briefträger Spahrbier, der nach seinen Auftritten in Peter Frankenfelds »Vergissmeinnicht« Autogrammkarten drucken ließ. So blieb es nicht aus, dass ein gewisser Rainer Holbe mit seiner »Starparade« zu »Deutschlands liebstem Schwiegersohn« avancierte, ein Titel,

»Ortsgespräche
der ZDF-Live-Tal
wurde gemeinsa
von Dieter Kürte
Hanns Joachim
Friedrichs, Raine
Holbe, Horst
Schättle, Karlhei
Rudolph und Die
Thomas Heck (v.
moderiert. Hier
auf dem »Ball de
Sports« in Frank

den mir nach einer Live-Sendung in der Mainzer Rheingold-Halle der Intendant persönlich verlieh. Zwölf Jahre wurde die »Starparade« ausgestrahlt. Parallel dazu moderierte ich Quizsendungen wie »Der verflixte Monat«, »1 + 1 = Eins« und »Rund um die Welt«. Ich drehte ein Porträt über Lilli Palmer und Carlos Thompson, trat bei den Internationalen Rundfunk- und Fernsehausstellungen in Berlin auf, moderierte »Sonntagskonzerte« und als erstes Talkshow-Format »Ortsgespräche«, gemeinsam mit Dieter Thomas Heck aus der Hauptredaktion »Unterhaltung« sowie mit Hanns Joachim Friedrichs, Horst Schättle und Dieter Kürten aus dem Ressort »Politik«.

So zogen wir live vom Katholikentag in Freiburg über die Bad Hersfelder Festspiele, den Rathausplatz von Bonn mitten hinein auf den »Ball des Sports« in der Frankfurter Jahrhunderthalle. Es war wunderbar. Wir verstanden uns alle prächtig, es gab keine Rivalitäten, wir hatten eine Menge Spaß miteinander und waren betrübt, als die Sendung eingestellt wurde. Samstag um 18 Uhr war wohl nicht die richtige Zeit für ein solches Format.

Meine diversen Bildschirmaktivitäten blieben einem Mann nicht verborgen, der in Luxemburg mit den »Vier fröhlichen Wellen« ein erfolgreiches deutsches Rundfunkprogramm betrieb: Frank Elstner. Eines Tages rief er an und lud mich ein, als Sprecher einen Monat lang meine Radio-Qualitäten zu erproben. Es war Sommer, ich hatte Zeit, also fuhr ich ins Großherzogtum.

Ein Wohnwagenhersteller platzierte mir eines seiner Gefährte auf den Campingplatz bei Tante Nelly in der Nähe der »Villa Louvigny«. Die Arbeit in einem Team voller froh gestimmter Menschen machte mir Freude – und Elstner mir ein Angebot für eine Festanstellung. Beim ZDF könne ich ruhig weitermachen, meinte er, das sei ihm nur recht.

Damals jedoch stand für mich und meine Familie gerade ein attraktives »Fachwerkhaus 2000« zum Einzug bereit – unser Traumhaus im Taunus, mit großen hellen Räumen und Außenwänden aus Glas. Was tun? Ein einziger Satz von Frank Elstner sollte mich überzeugen: »Eine Immobilie darf nicht immobil machen.« Und so kam es, dass meine Töchter Julia und Miriam gemeinsam mit ihren Eltern in Schlafsäcken eine einzige Nacht in ihrem Wunschhaus verbrachten. Dann wurde es verkauft, und die Karawane zog gen Luxemburg.

Gemeinsam auf Erfolgskurs mit der Starparade«: Moderator Rainer Holbe und Orchesterchef James – Hansi – Last.

Es war eine gute Entscheidung. Als »Mister Morning« hatte ich mit zwei Stunden täglich eine moderate Arbeitszeit, unsere Kinder besuchten mit Begeisterung die Internationale Europaschule, und der Neufundländer »Bobby« dürfte sich im »Maison sur les collines« ebenso wohlgefühlt haben wie der Bernhardiner »Josef« mit den Katzen Tinta, Minna und Merschen: Bullerbü im Großherzogtum!

Als *Radio Luxemburg* schließlich im Januar 1984 mit *RTL Plus* ein privates deutsches Fernsehprogramm startete, begann eine neue Epoche. Mein Leben – und das meiner Familie – wäre aber ohne die guten Jahre beim *Zweiten Deutschen Fernsehen* völlig anders verlaufen. Dafür bin ich dankbar, und auch deshalb habe ich dieses Buch verfasst.

Rainer Holbe
im Frühjahr 2013

Eine Erfolgs-geschichte

Premiere mit Beethoven und Goethe

Vom Bauerndorf zum Lerchenberg | Wie aus dem »Adenauer-Fernsehen« das ZDF wurde | Eine abenteuerliche Zeit

Heute ist das schmucke Eschborn eine wohlhabende Stadt. Noch vor Jahrzehnten war es ein kleiner Weiler zwischen Frankfurt und Kronberg. Entlang der Bahngleise gab es einen alten Bauernhof, der einem gewissen Herrn Nagel gehörte. Rund um das Gehöft wurden Anfang der 1960er-Jahre zusätzlich ein paar Baracken gezimmert. Wenn dunkle Wolken vom Taunus herunterzogen, ähnelte der Ort einem tristen Gefangenenlager im Irgendwo. Doch was von außen wie ein Punkt ohne Wiederkehr wirkte, war innen mit feinster Elektronik ausgestattet, hell und mollig warm.

Von Eschborn aus – so hofften es jedenfalls die Macher der *Freien Fernsehen GmbH* – sollte ein neues televisionäres Zeitalter eingeläutet werden. Als Garant fungierte Bundeskanzler Konrad Adenauer höchstpersönlich, der auf Biegen und Brechen den Landesrundfunkanstalten einen mächtigen Konkurrenten entgegensetzen wollte, der deren »Linkslastigkeit« beenden und mit leichter Kost das Wahlvolk bei Laune halten sollte. »Dä Rundfunk muss auch positiv berichten«, pflegte der alte Herr zu sagen.

Als die Bundespost schließlich 1956 neue Frequenzen für ein zweites bundesdeutsches Fernsehen erschloss, schien einer kopernikanischen Medienwende nichts mehr im Wege zu stehen. Im Vertrauen auf einen Leertitel im Bundeshaushalt warb die FFG Techniker und Redakteure von den ARD-Anstalten ab, vergab Produktionsaufträge für Quiz-, Schlager- und Familienserien und baute die Eschborner Bauernscheune zum leistungsfähigen Sendezentrum um. Endgültig abgesichert wähnte sich die TV-Truppe, als mit der Gründung der *Deutschland-Fernseh GmbH* im Juli 1960 durch Bundeskanzler Adenauer und seine Regierung ihr Vorpreschen in der Medienlandschaft nachträglich legalisiert schien. Während in Eschborn die Sektkorken knallten, mahnten Leitartikler zur Zurückhaltung, und Schriftsteller wie Walter Jens und Hans Magnus Enzensberger sprachen von der »Regierungsokkupation eines Massenmediums«.

Der 28. Februar 1961 sollte zum Schwarzen Tag für das als »Adenauer-Fernsehen« geschmähte Projekt werden. Das Bundesverfassungsgericht in Karlsruhe erklärte die Bonner Pläne kurzerhand für verfassungswidrig.

Ein schöner Traum zerplatzte, das Geldgeber-Konglomerat aus Zeitungsverlegern, Industriellen und Markenartiklern schaute im wahrsten Sinne des Wortes in die Röhre. Mitarbeiter, die sich bei dem neuen Chef goldene Zeiten erhofft hatten, waren plötzlich arbeitslos. Übrig blieb ein Berg unbezahlter Rechnungen samt ein paar Kisten voller Spielfilme und bereits produzierter Unterhaltungsware. Und natürlich die Eschborner Baracken, die mit modernstem technischen Equipment ausgestattet waren.

Mit dieser gewaltigen Hypothek auf dem Rücken startete drei Jahre später das ZDF eine von allen Bundesländern getragene Anstalt des öffentlichen Rechts. Aus der Konkursmasse des liquidierten Adenauer-Fernsehens hatte das *Zweite Deutsche Fernsehen* für 18 Millionen Mark das Eschborner Sendezentrum übernommen, vorher ein paar eigene Programme produziert und auf den dreißigprozentigen Anteil an den Fernsehgebühren

Das frühe ZDF-Sendezentrum in Eschborn auf der grünen Wiese. Aktuelle Filmberichte wurden nicht selten vom Kleinflugzeug über den Baracken per Fallschirm abgeworfen, entwickelt und gesendet.

gesetzt. Trotz der seinerzeit fünf Mark pro Haushalt sollte das ZDF allerdings noch über Jahre hinweg mit seinen Start-Schulden zu kämpfen haben.

Mainz hatte auf Drängen von Ministerpräsiden Peter Altmeier den Zuschlag als Standort der neuen Länderanstalt bekommen. Zum Intendanten wählte der Fernsehrat am 12. März 1962 mit einer stattlichen Mehrheit den Philosophen Karl Holzamer, der keinesfalls der weltfremde Gelehrte war, den seine Kritiker in ihm zu sehen glaubten.

»Holzamer war ein Glücksfall für das ZDF, weil er zwar Hochschulprofessor war, aber vorher eine journalistische Laufbahn hinter sich hatte«, erinnert sich Dieter Stolte, sein damaliger Persönlicher Referent und späterer Nachfolger auf dem Intendanten-Stuhl. »In den 1930er-Jahren war ihm verwehrt, sich in der Philosophie zu habilitieren. So war er in der Kirchenredaktion des Reichssenders Köln tätig geworden, später als Reporter im Landfunk und während des Zweiten Weltkrieges als

Kriegsberichterstatter der Luftwaffe verpflichtet, wie auch Peter von Zahn, Werner Höfer und Henri Nannen. Dies waren alles Journalisten, die ursprünglich für die Reichsrundfunkgesellschaft gearbeitet hatten. Also war Holzamer ein Mann, der auch journalistische Praxis vorweisen konnte. Hinzu kommt, dass er als Professor der Universität Mainz zehn Jahre Vorsitzender des

Karl Holzamer (links) war gleichsam strenger Chef wie froher Zecher. Als Wahl-Mainzer lud der Intendant schon mal seinen Moderator Rainer Holbe zum Schoppen ein.

Rundfunkrats des *Südwestrundfunks* war. Dadurch kannte er die Strukturen einer öffentlich-rechtlichen Anstalt und war nicht unerfahren, als er das ZDF aufbaute.«

Karl Holzamer eröffnete denn auch am 1. April 1963 das neue Programm: ein kleiner Schritt für den Intendanten, aber ein Riesensprung für die bundesrepublikanische Menschheit.

Diese hatte sich bisher lediglich am Angebot der ARD delektiert. Die Bilder kamen schwarz-weiß daher, annonciert von korrekt gewandeten liebenswürdigen Damen, die man respektvoll »Ansagerinnen« nannte. Fragt man die Zeitgenossen dieser Jahre, so erinnern sich die meisten an die Krönungsfeierlichkeiten von Königin Elisabeth II., die aus London weltweit übertragen wurden. In Deutschland standen die meisten Fernsehgeräte in Kneipen oder in den Schaufenstern von Elektrogeschäften. Wer zuhause einen solchen Apparat stehen hatte, gehörte zu den Auserwählten. Die Dinger waren klobig, kosteten viel Geld und wurden in den Wohnstuben zu Altären mit Spitzendeckchen und den Fotos der Ahnen geschmückt.

Es ist nicht überliefert, wie viele Zuschauer Holzamers Ansprache an die Nation hatte. Ohne Manuskript blickte er freundlich in die Kamera, eine Vaterfigur, die er zeit seines Lebens bleiben sollte. Nur wenige waren sich des historischen Augenblicks bewusst. Ab jetzt gab es einen Konkurrenten für das »Erste«, das Rennen um Marktanteile, Akzeptanz und Werbekunden war eröffnet.

Bereits in der Nacht vom 19. auf den 20. März 1963 um exakt 0 Uhr war zum ersten Mal das Erkennungszeichen des ZDF auf den Bildschirmen erschienen: zwei schmale Balken, zwei ineinander verschlungene Ellipsen mit ein paar Takten aus dem 1. Satz des Violinkonzertes D-Dur op. 61 von Ludwig van Beethoven, das zum akustischen Erkennungszeichen werden sollte. Augenzeugen dieser Testsendung waren ein paar verschlafene

Zuschauer im Bereich des Senders Feldberg, die freundlich aufgefordert worden waren, sich auf einer Postkarte zu den Empfangsqualitäten des neuen Senders zu äußern.

Klänge von Beethoven und Verse von Goethe – mit diesem Anspruch betrat das ZDF die televisionäre Welt.

Nach der Ansprache des Bundesratspräsidenten Kurt-Georg Kiesinger folgte das »Vorspiel auf dem Theater« aus Faust I: »Ich wünschte sehr, der Menge zu behagen, besonders, weil sie lebt und leben lässt, die Pfosten sind, die Bretter aufgeschlagen, und jedermann erwartet sich ein Fest ... Wie machen wirs, dass alles frisch und neu und mit Bedeutung auch gefällig sei.« Goethe hat es mal wieder auf den Punkt gebracht.

Ein Versprechen? »Auf diese Idee käme heute keiner mehr, wenn er ein neues Programm starten würde«, kommentiert Dieter Stolte. »Holzamer hatte als ein weitläufig gebildeter Mann die Leitung des ZDF übernommen. Er war jemand, der von einem Bildungsethos erfüllt war. Er verstand sein Amt nicht als Manager, sondern aus der Überzeugung heraus, dass das Fernsehen auch eine Bildungsstätte ist und einen Beitrag leisten kann an der Weiterentwicklung der Gesellschaft und ihren humanistischen Idealen. Fernsehen als Volkshochschule der Nation.«

Der Eröffnungsreigen für das neue Zweite Programm kam als »Berlin-Melodie« daher: Vom Zilleball zum Jazzlokal. Die Protagonisten kannte man aus dem Kino: O.W. Fischer, Curd Jürgens, Theo Lingen, Hildegard Knef und Grethe Weiser. Immerhin schrieb die Presse von »Mainzer Premierenglanz«, und nur der Publizist Wolf Jobst Siedler murrte etwas von Kleinstadt-Mief und grünem Tisch. Die Frankfurter *Abendpost* sah im Auftauchen des ZDF einen gigantischen Aprilscherz, der vom Mainzer Carneval-Verein inszeniert worden war, und kam zu der Erkenntnis: Das ZDF existiert überhaupt nicht!

In den Eschborner Baracken herrschte Jubelstimmung. Der Intendant und seine Direktoren gratulierten sich gegenseitig. Der Start war gelungen, die Technik hatte prächtig funktioniert.

Während sich der Intendant und seine Equipe längst ihre Amtssitze in den Mainzer Allianz-, Siemens- und Iduna-Häusern gesichert hatten, sollte Eschborn noch für lange Zeit das Sendezentrum bleiben. »Die technischen und organisatorischen Vorbereitungen fielen schon in den Winter 1962 und in das Frühjahr 1963«, erinnert sich Dieter Stolte. »Oft mussten wir durch knöcheltiefen Schlamm zu unseren Arbeitsplätzen waten, oder es war gefroren und der Zugang über ausgelegte Bohlen sehr beschwerlich. Das haben die Kollegen getan, die dort Dienst hatten. Die Sendebetriebstechnik, die gesamte ›heute‹-Redaktion. Auf Brettern sind sie von Baracke zu Baracke balanciert. Eine abenteuerliche Zeit; aber auch eine schöne Zeit, die den Teamgeist förderte. Das ZDF verstand sich als eine große Familie.«

Wim Thoelke, der sich schon bald als Tausendsassa des ZDF etablieren sollte – er moderierte die »heute«-Nachrichten ebenso wie das »Aktuelle Sportstudio« oder »Der große Preis« –, schrieb in seinen Erinnerungen an die Eschborner Pionierzeit: »Das Sendestudio war in einer Scheune eingerichtet worden. Die dazugehörige Regie saß im Kuhstall, die kostbaren elektronischen Aufzeichnungsgeräte hatten im ehemaligen Schweinestall Platz gefunden. Die Redaktionen arbeiteten in den Baracken in neun Quadratmeter großen Räumen, und es wurde schon täglich ein Probeprogramm produziert, als noch längst nicht jeder Mitarbeiter einen Stuhl hatte.«

Wenig später stieß Dieter Kürten – als Reporter vom Düsseldorfer *Mittag* kommend – zur Eschborner Truppe. »Ich hatte einiges von diesem Provisorium gehört«, erinnert er sich. »Aber an meinem ersten Arbeitstag rieb ich mir doch verblüfft die Augen. Was ich hier sah, war keine Kulisse für Film oder Fernsehen, es war das Fernsehen selbst. Bei Regen und des Nachts entfaltete Eschborn den Charme eines Militärcamps: Zwischen den Baracken stand das Wasser; nur in den Untergrund getriebene Knüppeldämme verhinderten, dass die Fernsehmenschen direkt durch den Schlamm waten mussten.«

Immerhin bekam jeder der »Lagerinsassen« monatlich eine Schmutzgeldzulage von hundert Mark auf das Gehaltskonto gepackt, tarifvertraglich als Erschwerniszulage abgesichert.

Es dauerte nicht lange, da erblühten aus dem Eschborner Schlamassel die ersten Fernsehstars.

Der schöne Jochen Breiter als Sprecher von »heute«, der Moderator Erich Helmensdorfer als »Mann mit der Warze«, die Hamburgerin Victoria Voncampe, die spätere Chefansagerin und Galionsfigur des Senders, und Harry Valérien, der einen sicheren Job beim Bayerischen Rundfunk gegen die Eschborner Leidenszeit eingetauscht hatte.

Während man in »Telesibirsk« tagtäglich mit den Tücken des Objekts zu kämpfen hatte, bereiteten die Mainzer Strategen getreu ihrem Bildungsauftrag neue Programmformate vor. Eine Redaktion »Dokumentarspiel« etablierte sich ebenso wie das Ressort »Theater und Musik«. Der spätere Regisseur Ewald Burike – ein Mann der ersten Stunde – erinnert sich an beeindruckende Theateraufzeichnungen in Wien und Begegnungen mit Schauspielern wie Paula Wessely, Joana Maria Gorvin oder O.E. Hasse.

Bald kam es für die Eschborner Leidensgemeinschaft zur erhofften Erlösung: Wiesbaden, das den lang andauernden Streit um den Standort des ZDF gegen Mainz verloren hatte, wurde zur neuen Sendezentrale. Auf dem ehemaligen Ateliergelände der Taunusfilm etablierte sich die Chefredaktion mit den Hauptredaktionen »Politik und Zeitgeschehen«, »Sport« und »Dokumentationen«. Die Ausstattung der Büros blieb bescheiden, die

Das »Adlerstübc
in der Wiesbader
stadt war ein Tre
für Fernsehmens
und Politiker. Inm
sangesfroher Ru
u.a. Karel Gott, d
Hessische Minis
sident Albert Os
der Saxophonist
Ambros Seelos u
die Sängerin Ma
(v.l.); zweite Reih
u.a. Rainer Holb
der Musical-Star
Dagmar Koller.

Ateliers hatten schon bessere Tage gesehen. Für die Macher folgte nach dem Provisorium Eschborn nun das Provisorium »Unter den Eichen«. Von hier aus wurden die aktuellen Sendungen live in deutsche Wohnzimmer übertragen, die Nachrichten, das Sportstudio und später auch Eduard Zimmermann mit »Aktenzeichen XY ungelöst«.

Das Wiesbadener Sendezentrum war kein Ort von Traurigkeit. Hier trafen sich die Kreativen, während in Mainz regiert wurde. Intendanz, Programmdirektion, technische Direktion und Verwaltung blieben – auf acht verschiedene Gebäude verteilt – in der Landeshauptstadt am Rhein.

Trost und Treffpunkt für gestresste Fernsehmenschen boten nach langem Arbeitstag die Kneipen in der Wiesbadener Altstadt, allen voran das »Adlerstübchen« mit seinem bayerischen Wirt Ossi Heckler, bei dem sich zu später Stunde Allianzen von ARD- und ZDF-Akteuren bildeten.

Es gab Bier, Schnaps und Buletten und als kulinarischen Höhepunkt auch mal ein Schmalzbrot. Warum derartige Etablissements zum Mekka gewisser Stammgäste werden, bleibt ungeklärt. Spätestens nachdem die Jungs vom »Aktuellen Sportstudio« im Wiesbadener Sendestudio produzierten, wurde das »Adlerstübchen« zur mitternächtlichen Stunde ihre Anlaufstation. Nicht nur die Macher tauchten dort auf, sie brachten auch ihre prominenten Gäste mit. Uwe Seeler erzählte Friesenwitze, Joe Frazier schwärmte für das deutsche Pils, und die schwarzen Leichtathletikstars John Carlos und Lee Evans erkundigten sich nach deutschen Blondinen und deren Adressen. Damit konnte und wollte Ossi allerdings nicht dienen.

Bald war das »Adlerstübchen« kein Geheimtipp mehr. Hans-Joachim Kulenkampff fiel mit seiner Entourage hier ein, nachdem ihm in der nahen Rhein-Main-Halle sein Butler Martin in den Mantel geholfen und die Eurovisions-Fanfare das EWG-Quiz standesgemäß verabschiedet hatte. Auch nach mancher »Starparade« trabte ich mit den Kollegen von Regie und Technik die paar Meter von der Halle zur Kneipe, oft im Gefolge von Karel Gott & Co.

Doch Wiesbaden sollte schon bald nur eine nette Erinnerung, ein Zwischenstopp auf einem beschwerlichen Weg werden. Die langjährige Suche nach einem endgültigen Standort führte schließlich zum Erfolg. Das ZDF kaufte von der Stadt Mainz ein Grundstück an der Peripherie. 1966 war Spatenstich auf dem Lerchenberg. In mehreren Bauabschnitten fanden zunächst die Übertragungswagen einen Platz, danach folgte die Grundsteinlegung für das Redaktions- und Verwaltungsgebäude, das 1971 bezogen wurde. Im Herbst 1977 begannen die Arbeiten für das Sendebetriebsgebäude, einen stattlichen Rundbau, der zum architektonischen Wahrzeichen des ZDF werden sollte. Von den Chefetagen im Hochhaus hat man einen wunderbaren Blick auf die Rheinebene und die im Dunst auftauchenden Skyline von Frankfurt. Das ZDF war endlich angekommen.

Der Meister und sein Meister-Schüler

Dieter Stolte erinnert sich an Karl Holzamer – den Gründungsintendanten des ZDF | Er wurde 100 Jahre alt

Dieter Stolte stand neben der Kamera, als sein Chef Karl Holzamer am 1. April 1963 mit wohlgesetzten Worten das *Zweite Deutsche Fernsehen* eröffnete. Dass der junge Mann später als einer der Nachfolger Holzamers in das Intendantenbüro auf dem Lerchenberg ziehen würde, konnte er sich damals auch in seinen kühnsten Träumen nicht vorstellen. Als Dieter Stolte am 14. März 2002 mit großem Bahnhof nach zwanzig Jahren verabschiedet wurde, war die Prominenz der Republik weitgehend versammelt. Von Bundespräsident Johannes Rau über zahlreiche Ministerpräsidenten und Bundesminister bis hin zu den Chefs aller großen Medienhäuser – Matthias Döpfner, Friede Springer, Dieter von Holtzbrinck, Hubert Burda, Mark Wössner – waren alle erschienen. Dazu die Intendantenkollegen von der ARD.

»Ich hatte das Gefühl, als Vertreter für eine geachtete Institution zu stehen, der nun verabschiedet wurde«, erinnert sich Stolte. »Ich habe mich darüber gefreut, wie viel Zuneigung ich dabei erfahren habe, auch von den Kollegen aus dem Haus.« Schon früh hatte er sich vorgenommen, nach seinem Abschied vom ZDF den Blick nicht zurück, sondern nach vorn zu richten. So äußert er sich nicht mehr zu Aufgaben, die inzwischen andere übernommen haben. »Mich hat niemand von meinem Rittergut vertrieben«, sagt er lächelnd. »Ich bin aus freier Entscheidung ausgeschieden und hatte die Chance, mich neuen Aufgaben zuzuwenden.« Im April 2002 wurde er für drei Jahre Herausgeber von *Welt* und *Berliner Morgenpost*. Noch immer nimmt er eine ganze Reihe anderer Funktionen außerhalb des Fernsehens wahr, viele davon ehrenamtlich.

[Dieter Stolte, ich übertreibe sicher nicht, wenn ich sage: Das ZDF war Ihre große Zeit. Es war Ihr Leben.]

Das ist überhaupt keine Frage. Das ist – wenn man so will – tatsächlich mein Leben gewesen. Das klingt kitschig und pathetisch zugleich. Gerade zum Ende hin hatte ich das Gefühl, dass das ZDF mehr von mir Besitz ergriffen hatte als umgekehrt. Ich war immer ein Intendant, der klar seine Meinung gesagt hat, der bestimmte, wohin die Richtung geht, der Zielvorstellungen formulierte und in den Gremien seine Position bezog. Aber ich habe vom ZDF nichts in Anspruch genommen, außer dem, was in meinem Dienstvertrag stand.

Als das ZDF am 1. April 1963 startete, glich dies einer Revolution in der damaligen Fernsehlandschaft. Bisher hatte es nur die ARD gegeben und plötzlich kam da ein zweites Programm. Stolte hat zu diesem Beginn wenig beitragen können. Denn dies gehörte zu den großen Leistungen von Karl Holzamer, dem Gründungsintendanten des ZDF, dessen engster Mitarbeiter er gewesen ist.

[Wenn ich Sie richtig interpretiere, sehen Sie Holzamer als einen Glücksfall für das ZDF?]

Selbstverständlich. Er war natürlich – wie alle Intendanten – aufgrund politischer Konstellationen in dieses Amt gekommen. Die Mehrheit im Fernsehrat war damals konservativ, es konnte also nur jemand Intendant werden, der von seiner Herkunft her konservativ war. Holzamer war ein Wert-Konservativer. Obwohl Mitglied der CDU, war er parteipolitisch eher unabhängig. Er war stärker von seinem katholischen Glauben geprägt als von seiner politischen Überzeugung. Das war insofern ein Glücksfall, als er nicht am Schürzenbändel einer Partei hing, weder der CDU, aber auch nicht der SPD oder der FDP, die damals eine wichtige Rolle spielte.

[Wie haben Sie ihn als Mensch erlebt?]

Ich kannte ihn ja schon von der Universität. Er war Ordinarius für Philosophie, Psychologie und Pädagogik in Mainz. Ich habe seine philosophischen Vorlesungen besucht. Die begannen morgens um acht, das war entsprechend mühsam, denn ein Student steht ungern so früh auf. Außerdem kannte ich ihn aus den Seminaren. Das waren Begegnungen, in denen er mich als jemand kennenlernte, der gerne argumentierte und debattierte, der eine vielseitige Bildung besaß und von dem er wusste, dass er mit seinen konfessionellen Grundsätzen übereinstimmte. Er hat mir dann das Angebot gemacht, als sein Persönlicher Referent zum Fernsehen zu kommen. Er wollte jemand in seiner Nähe haben, mit dem er sich über das Programm austauschen konnte. In der Praxis sah es dann so aus, dass wir uns in den ersten beiden Jahren mehr um die Organisation, den Aufbau und die personellen Besetzungen im Hause besprochen haben. Auch die Auseinandersetzungen mit der ARD spielten eine Rolle, also alles Themen, von denen ich noch nicht viel verstand. Was aber Holzamer zu dieser Zeit nicht wusste, war, dass ich ein kommunikativ veranlagter Mensch war und eine organisatorische Begabung hatte. Beide Talente hat er geweckt und ich konnte sie schnell weiterentwickeln.

[War er auch eine Art Mentor für Sie?]

Es gab natürlich den Altersunterschied. Ich war ein Mann von 27 Jahren, er schon Mitte fünfzig. Er hätte niemals bei Diskussionen unter vier Augen oder gar in einem größeren Kreis gesagt: »Junger Mann, davon haben Sie keine Ahnung, warten Sie doch erst mal ab, bis Sie die Erfahrung haben, die ich habe. Dann kommen Sie zu einer anderen Erkenntnis«. Nein, er hatte die Fähigkeit, dem jungen Mann – der ihn begleitete – in seiner Argumentation zu folgen und zu überprüfen, was richtig oder falsch war. Kam ich mit einer plausiblen Erklärung, dann hat er sie sich zu eigen gemacht. Er hat mir stets das Gefühl gegeben, ein ernstzunehmender Gesprächspartner für ihn zu sein.

Karl Holzamer hat Dieter Stolte stets gefördert. Zumindest bis zum Mai 1973, als er vom Südwestfunk das Angebot erhielt, Programmdirektor zu werden, war Holzamer sein väterlicher Mentor. Er hat ihm geholfen, innerhalb des ZDF den Status zu erwerben, der es ihm erlaubte, voranzukommen. 1967 übertrug er ihm die Leitung der Hauptredaktion »Programmplanung«, die damals neu geschaffen worden war.

Doch es gab auch Enttäuschungen. »Zu den Legenden, die meine Person begleiten, gehört die Annahme, dass mein beruflicher Lebensweg ein unaufhaltsamer Aufstieg gewesen sei«, schreibt Stolte in seinem Buch *Mein Leben mit dem ZDF*. Dabei würde übersehen, dass er zweimal bei einer Intendantenwahl durchgefallen sei. 1975 klappte es nicht beim WDR mit der Nachfolge von Klaus von Bismarck, das andere Mal 1977 bei der Wahl zum Intendanten des ZDF in der Nachfolge von Karl Holzamer. Der wurde schließlich Karl-Günther von Hase, einst Pressesprecher unter Konrad Adenauer und Botschafter in London. »Ich hatte die Entscheidung als ungerecht empfunden und noch Monate danach Schwierigkeiten, den Vorgang zu verdauen«, erinnert sich Stolte. Holzamer hatte ihm damals nicht beistehen können. Die Wahl von Hases war eine politische Entscheidung der Gremien. Und er ist dann auch nur eine Amtsperiode geblieben. Im Schatten des Gründungsintendanten hatte es der in den Medien unerfahrene Exdiplomat schwer, auf dem Lerchenberg Fuß zu fassen. Wer in diesen Jahren die Geschicke des ZDF bestimmen wollte, musste es sich gefallen lassen, mit dem Altmeister Holzamer verglichen zu werden.

[Karl Holzamer hatte ein langes, gutes Leben. Er ist mit über hundert Jahren gestorben. Haben Sie eine Ahnung, wie er später als Privatmann, als Zuschauer, das Programm des ZDF gesehen hat?]

Er hat die Weiterentwicklung des ZDF durchaus kritisch begleitet. Als ich Intendant war, hat er sich noch immer als der Übervater verstanden, als derjenige, der weiß, was richtig und falsch ist. Er hat sich häufig bei mir gemeldet und mit mir gesprochen. Wir haben uns nicht geduzt, das kam erst mit fortgeschrittenem Alter. Er kam mit Verbesserungsvorschlägen, mit Kritik, die manchmal durchaus berechtigt war. Es war aber auch notwendig zu sagen: »Herr Professor, ich möchte Sie darauf aufmerksam machen, dass es auch zu Ihrer Zeit bereits Programme gegeben hat, mit denen Sie nicht einverstanden waren und die Sie dennoch laufen ließen.« Ein Programmdirektor oder ein Intendant muss sich davor hüten, ein Programm zu fördern, das allein seinen eigenen Vorstellungen entspricht. Das ist nicht ihre Aufgabe. Intendant und Programmdirektor müssen Programme ermöglichen und Spielräume schaffen, damit ein gutes, vielfältiges Programm entstehen kann. Ihre Toleranz sollte größer sein als die einzelner Mitarbeiter.

[Ähnliche Probleme haben auch Verleger. Springer war ebenfalls nicht immer damit einverstanden, was in seiner *Bild-Zeitung* stand.]

Jeder, der an der Spitze steht, sollte das beherzigen. Es wäre ein großer Irrtum zu glauben, dass die eigenen Vorstellungen von einem Produkt allein ausschlaggebend sind. Obwohl mein Toleranzspektrum größer war als das von Holzamer, gab es auch Übereinstimmungen. Er war schon tolerant, aber er war vor allem in ethisch-moralischen Dingen von einer großen Klarheit und Unerbittlichkeit.

[Gibt es dafür Beispiele?]

Ich nenne mal zwei Sträuße, die auch wir miteinander ausgefochten haben. Es muss in den späten 1960er-Jahren gewesen sein, als wir von den Ruhrfestspielen Recklinghausen, die der Deutsche Gewerkschaftsbund veranstaltete, »Mutter Courage« von Bertold Brecht übertragen wollten. Holzamer hat sich quergelegt; er wollte dieses Stück nicht im Programm haben. Das war keine moralische Frage – obwohl es dort locker zuging –, sondern eher ein Politikum. Der Brecht war für ihn ein Kommunist, und ein Kommunist hatte im Programm des ZDF nichts zu suchen.

[Inzwischen ist das Stück längst ein Klassiker.]

Ja, das war es schon damals. Und wir haben das Stück ja auch gesendet, mit Lotte Lenya in der Titelrolle. Dem ging eine respektvolle, aber argumentative Auseinandersetzung zwischen Holzamer und mir voraus. Kommunist oder Nicht-Kommunist, das hatte ja alles mit dem Theaterstück nichts zu tun. Hier ging es um den Dramatiker und Moralisten Brecht. Holzamer gab schließlich nach.

[Sie deuten einen zweiten Strauß an, der ausgefochten wurde.]

Es gibt ein Theaterstück von Picasso »Wie man Wünsche beim Schwanz packt«. Holzamer hatte das Stück nicht gelesen – ich auch nicht, jedenfalls nicht zu dem Zeitpunkt –, als eine Entscheidung anstand. Es ist übrigens das einzige Schauspiel, das Picasso geschrieben hat. Holzamer hatte schon im Titel des Teufels Hinkefuß erkannt und auf die Stoffzulassung geschrieben: »Die Produktion ist mir vor der Ausstrahlung vorzuführen, damit ich die endgültige Sendeerlaubnis geben kann.« Als es so weit war, hatte er keine Zeit und den zuständigen Redaktionsleiter – das war Hajo Schedlich – den Hauptabteilungsleiter »Fernsehspiel und Film« – Gerhard Prager und mich – seinen Persönlichen Referenten – gebeten, diese Produktion abzunehmen. Bei mir mit der Bemerkung: »Gehen Sie bitte dazu, dass Sie das mit meinen Augen sehen!« Das war ein großes Wort gelassen ausgesprochen. Kurzum, wir haben das Stück freigegeben. Es wurde dann nach 21 Uhr und unter Beachtung der Jugendschutzgrenze gesendet. Mir war aber klar, dass wegen deutlicher Laszivitäten – die meiner Meinung im Toleranzspektrum lagen – Holzamer darüber nicht sehr amüsiert sein würde. Als er es dann auf dem Bildschirm sah, war er fassungslos, was seine Augen – die er an mich delegiert hatte – gesehen haben. Entsprechend hat er mich dann auch getadelt. Für kurze Zeit gab es durchaus eine atmosphärische Verstimmung zwischen uns.

Bis zuletzt hatte Karl Holzamer ein Büro im ZDF, auch wenn es schon dreißig Jahre her war, dass er dort als Intendant agierte. Zeit seines Lebens hatte er auf Bildung gesetzt und den Quotenwahn verabscheut. Zu seinem 100. Geburtstag defilierte Prominenz aus Politik, Wirtschaft und Kultur an ihm vorbei, fast alle begrüßte er mit ihren Namen. Als er ein halbes Jahr später starb, wurde er mit einem Requiem im Mainzer Dom von dieser Welt verabschiedet. Kardinal Lehmann fand Worte des Respekts und der Anerkennung. Unter den Trauergästen war Dieter Stolte, sein ehemaliger Persönlicher Referent.

Die Geburt der Mainzelmännchen

In der Finanzkrise benutzten ZDF-Direktoren die Holzklasse im Flugzeug und in der Eisenbahn | Dieter Stolte und der Faktor Glück

Zwanzig Jahre war Dieter Stolte Intendant des ZDF, hat fast sein gesamtes Berufsleben im Dienste des Fernsehens verbracht. Fragt man ihn nach der spannendsten Epoche, nennt er ohne zu zögern die Wiedervereinigung Deutschlands, die Zeit, in der sich die Verpflichtung des ZDF-Staatsvertrages erfüllte: ein Programm für Gesamtdeutschland zu machen und den Prozess der Wiedervereinigung in Frieden und Freiheit zu fördern. »Dass ich durch den Aufbau von Landesstudios in den neu gegründeten Ländern dazu einen Beitrag leisten konnte, war für mich eine großartige Aufgabe«, sagt Stolte.

Es ging damals nicht nur um eine neue technische Infrastruktur, sondern auch um Menschen, die plötzlich ein Fernsehen ohne staatliche Zensur zu machen hatten. Es galt, Mitarbeiter zu finden, die bereit waren, von West- nach Ostdeutschland zu ziehen. Im Osten mussten Journalisten und Techniker gefunden werden, die der Idee eines öffentlich-rechtlichen Fernsehprogramms aufgeschlossen gegenüberstanden. Ein Team aus beiden Teilen Deutschlands zusammenzustellen, war nicht nur der Wunsch des Intendanten.

Dieter Stolte kannte die Situation in der ehemaligen DDR, hatte er doch einen Teil seiner Jugend in Ostthüringen verbracht, dort das Kriegsende erlebt und später die ganze stalinis-

Sie heißen Anton, Berti, Edi, Conni, Fritzchen und Det und sind mit dem ZDF 50 Jahre alt geworden: Die Mainzelmännchen, legitime Nachfolger der Kölner Heinzelmännchen.

tisch-kommunistische Epoche. 1953 verließ er die damals gegründete DDR und floh wie viele seiner Zeitgenossen über den S-Bahnhof Friedrichstraße in Ostberlin in den Westen. »Schon allein aus diesem persönlichen Erleben war der Prozess der Wiedervereinigung für mich eine spannende Zeit«, sagt Stolte.

Ein guter Intendant sollte ein Inspirator sein, Türen öffnen für neue Ideen. Da gab es in einer solch langen Amtszeit genügend Gelegenheiten. Als einen der Höhepunkte nennt Stolte die Einführung des neuen Programmschemas am 1. Oktober 1973, als das ZDF den Beginn des Hauptabendprogramms auf eine Stunde vorverlegte und den gesamten Programmablauf neu ordnete. Meilensteine markieren die Schaffung von *3SAT, ARTE, Kinderkanal* und *Phönix* in den 1980er-Jahren. »Das war eine Zeit der Renaissance des öffentlich-rechtlichen Systems, auch gegen politische Widerstände, aber immer mit der Chance, etwas zu bewegen«, erinnert sich Stolte.

Zu den wichtigsten Mitarbeitern im ZDF gehören die Mainzelmännchen. Im Gegensatz zur Gründergeneration sind sie noch nicht in Pension gegangen und ein Markenzeichen der Mainzer Fernsehmacher geblieben. Die Idee zu den Wichteln hatte der Trickfilmzeichner Wolf Gerlach, der in einer Wiesbadener Produktionsfirma tätig war. Er hatte sich bereits als Kind ge-

wünscht, unter seiner Schulbank säße ein Heinzelmännchen, das ihm hilfreich zuflüstere. Gerlach schuf nicht nur die Mainzelmännchen, er lieh ihnen auch seine eigene Stimme. 2012 starb er im Alter von 84 Jahren in Bad Zwischenahn.

Karl Holzamer stand der Idee von den Mainzelmännchen von Anfang an aufgeschlossen gegenüber. Schließlich gab es ja die Heinzelmännchen von Köln, die inzwischen längst von den Mainzelmännchen verdrängt worden sind. »Als Kind und gebürtiger Kölner habe ich sie gerne gemocht, weil die Wichtel stets dort auftauchten, wo Menschen in Not waren«, lobt Stolte die Zwergenschar. »Sie halfen immer in uneigennütziger Weise.«

Ein Fernsehsender wie das ZDF ist schon organisatorisch ein kompliziertes Gebilde. Neben den kreativen Mitarbeitern in den Redaktionen und den für das Programm verantwortlichen Hauptabteilungsleitern gibt es den Stab der Techniker, Kaufleute und Juristen. Direktoren und Hauptabteilungsleiter werden vom Intendanten bestimmt.

[Welches Verhältnis hatten Sie zu Ihren Direktoren?]

Was ich kann, das muss ein Direktor nicht können. Er sollte das können, was ich nicht kann. Es geht immer darum, dass man

Der Designer Wolf Gerlach verwandelte die altbekannten Kölner Heinzelmännchen zu »Mainzelmännchen«, der Kerntruppe des ZDF.

sich wechselseitig ergänzt. Das war zum Beispiel die ideale Konstellation zwischen dem Unterhaltungsmann Peter Gerlach und mir. Er brachte Talente mit, über die ich nicht verfügte. Umgekehrt galt das Gleiche. Ich habe ihm Spielräume ermöglicht und war bereit, Risiken einzugehen, die er alleine nicht hätte tragen können. Gleiches galt übrigens für Heinz Ungureit (Leiter des »Fernsehspiels«, R.H.). Zu erkennen, was man kann, und mit dem zusammenzubringen, was man nicht kann, ist das, was von Führung erwartet wird. Ergänzung ist wichtig, nicht Verdoppelung.

[Es galt während Ihrer Amtszeit auch manch prekäre Situation zu meistern.]

Zum Beispiel, als das ZDF in den 1990er-Jahren in eine große Finanzkrise geriet, als auf einen Schlag 750 Millionen Mark aufgrund geringerer Werbeeinnahmen wegbrachen und wir einen Planungszeitraum von vier Jahren zu erfüllen hatten. Es galt, Kosten einzusparen. Ich hatte keine Schwierigkeiten, Einschränkungen von meinen Mitarbeitern zu verlangen, die ich nicht im gleichen Maße mir gegenüber geltend gemacht hätte. Wir benutzten alle die Holzbank in der Eisenbahn oder im Flugzeug.

Und neue Dienstwagen wurden erst einmal nicht angeschafft. Für den Intendanten gab es keine Ausnahme. Mein Dienstwagen hatte damals 300.000 Kilometer auf dem Tacho; er blieb eines Tages vor dem ZDF-Hochhaus stehen und hatte den Geist ausgehaucht. Das mögen jetzt alles Kinkerlitzchen sein, aber es ging mir damals um die innere Stimmung. Wir sind mit dieser Strategie gut aus der Krise herausgekommen. Natürlich lagen die tatsächlichen Einsparpotenziale bei den Personalaufwendungen, den Sachkosten und im Programm. Alles in allem war auch diese Zeit eine Phase, die ich nicht missen möchte, weil sie zeigte, dass man gemeinsam schwierige Situationen meistern kann. Die ZDF-Mannschaft war großartig.

[Wenn Sie sich heute als Zuschauer das ZDF-Programm ansehen, welchen Eindruck haben Sie da?]

Man sollte vorsichtig sein, Dinge in der Jetzt-Zeit zu beurteilen, die man selbst in der Vergangenheit gemacht hat. Es geht ja da auch um die Frage: Ist das Fernsehen heute besser oder schlechter, sind die Bücher heute besser oder schlechter, sind die Filme heute besser oder schlechter? Das sind Fragen, die man eigentlich nicht beantworten kann, weil sie uns nicht aufzeigen, welche Zeiteinflüsse dabei jeweils eine Rolle spielen. Ich kann nicht darüber hinwegsehen, dass die Zeit, in der ich Programmdirektor oder Intendant gewesen bin, zwar eine Zeit des Konkurrenzkampfes war, aber es war in erster Linie ein Wettbewerb zwischen ARD und ZDF. Das blieb immer in der Familie. Jetzt gibt es die Auseinandersetzung zwischen den kommerziell-privaten Sendern und den öffentlich-rechtlichen Programmen, die viel ausgeprägter sind. Heute geht es um Verdrängung, vielleicht sogar um Vernichtung. Ich habe großen Respekt vor meinen Nachfolgern im Amt des Programmdirektors wie auch des Intendanten, was sie unter erheblich schwierigeren Bedingungen alles für den Bestand des öffentlich-rechtlichen Systems – in dem Fall für das ZDF – und im Wettbewerb zwischen den Systemen auf die Beine stellen. Dies verpflichtet mich jedoch nicht dazu, jedes Programm gut zu finden.

[Welche Bedeutung hat für Sie der Faktor Glück?]

Natürlich brauchen Sie Glück im Leben. Sie müssen zur richtigen Zeit dort sein, wo Prozesse auf den Weg gebracht und in Gang gehalten werden müssen. Glück muss man aber auch erkennen und es beim Schopfe packen.

[Glück ist eine Frage des Erkennens. Viele Leute sind glücklich, ohne es zu wissen.]

Glück hat jeder Mensch. Er muss es – wie gesagt – nicht nur erkennen, er muss es nutzen und etwas daraus machen. Glück hat auf die Dauer nur der Tüchtige. Aber es gibt auch die sprichwörtlichen Pechvögel.

[Da höre ich irgendwie den Philosophen heraus.]

In meinem Leben bin ich in der Tat mehr von der Philosophie als von meinen Nebenfächern Deutsch und Geschichte beeinflusst worden. Dass dies für meine Selbstbestimmung eine große Rolle gespielt hat, ist richtig. Wie ich mein Amt ausgeführt, Situationen beurteilt und Entscheidungen auf den Weg gebracht habe, das war stark von meiner philosophischen Grundeinstellung geprägt.

Am Ende unseres Gesprächs nannte ich Dieter Stolte ein paar Namen, die zu seiner »Erinnerungskultur« gehören, Weggenossen, Mitarbeiter. Wie erwähnt, war er nach seiner Zeit als Intendant auch Herausgeber der *Welt*, einer Zeitung aus dem Verlagshaus Springer.

Sie waren bereits beim Start des ZDF-Programms in Eschborn dabei. Dieter Stolte (links) als Persönlicher Referent des Intendanten und Rainer Holbe als Reporter für die *Frankfurter Rundschau*.

[Kannten Sie Axel Springer noch persönlich?]

Ich kannte ihn schon, als ich Referent bei Holzamer war. Da bin ich im Herbst 1962 von Ulrich Grahlmann – das war der erste Programmdirektor des ZDF – auf einen Presseball mitgenommen worden mit der Begründung, »damit Sie mal was erleben«. Was immer das heißen sollte! Dort sind wir auch auf Axel Springer gestoßen, dem ich von Grahlmann vorgestellt wurde.

[Und mit Friede Springer sind Sie befreundet?]

Es steht mir nicht zu, das so zu formulieren. Das müsste sie selbst sagen. Aber ich habe mit ihr ein sehr gutes und offenes Verhältnis. Wir arbeiten in der Axel-Springer-Stiftung, deren Vorsitzende sie ist, erfolgreich zusammen, aber zu sagen, ich sei ein Freund von Friede Springer ist ein Anspruch, den ich nicht einseitig bestimmen kann.

[Ich sage dies aus eigener Beobachtung heraus. Wir waren ja gemeinsam beim Geburtstagsfest von Frank Elstner, und da haben Sie den Abend mit Ihrer Frau und Friede Springer am gleichen Tisch verbracht. Wie beschreiben Sie Ihr Verhältnis zu Elstner?]

Als Ideengeber ist er einer der begabtesten und vielseitigsten Fernsehunterhalter. Ich kenne ihn schon aus meiner Zeit als Programmdirektor des Südwestfunks. Damals hat er »Die Montagsmaler« gemacht, dann hat er »Wetten, dass..?« erfunden, »Nase vorn« und den »Heißen Draht« entwickelt. Er ist einer der intelligentesten Unterhaltungsleute – und im Gegensatz zu Gottschalk – ein begabter Formatentwickler. Gottschalk entwickelt keine Show, er ist die Show.

Mit dem Ende seiner Intendantenzeit hat Dieter Stolte auch seine privaten Zelte in Mainz abgebrochen und ist mit seiner Frau nach Berlin gezogen. Ein typisches Pensionärsleben will er nicht führen, obwohl er jetzt mehr Zeit hat für seine geliebten Wanderungen in den Schweizer Bergen. »Ich pflege keinen Erinnerungsoptimismus, sondern öffne mich der Erkenntnis, dass wir im Gefüge der Zeit immer nur ein kleiner Teil des Geschehens sind«, notiert er in seinem Buch *Mein Leben mit dem ZDF*. Und da ist er wieder ganz der Philosoph.

Beim Intendanten zu Kaffee und Kuchen

Wie Ansagerinnen zu Bildschirmstars wurden | Victoria Voncampe erinnert sich

Wer heute das Fernsehen einschaltet, wird sie nicht vermissen. Weil er sie nie gekannt hat. Doch in den ersten Jahrzehnten waren sie für die Programme sowohl von ARD und ZDF unverzichtbar: die Ansagerinnen. Während Irene Koss erstmals am 31. Dezember 1950 aus einem Bunker auf dem Hamburger Heiligengeistfeld die Silvestersendung der ARD ankündigte, war es Victoria Voncampe, die als Galionsfigur des ZDF die Premiere am 1. April 1964 einläutete.

Für Fernsehansagerinnen gab es keine klassische Ausbildung und eigentlich auch keine Vorbilder. Gefragt waren Damen mit einer freundlichen, liebenswürdigen Ausstrahlung, die als Gastgeberinnen auch die Kaffeestunde eines heimeligen Wohnzimmers hätten schmücken können.

Victoria Voncampe bewarb sich als Frontfrau schriftlich in Mainz, nachdem sie von den Plänen eines zweiten Fernsehprogramms gehört hatte. »Damals war ich in Hamburg auf der Schauspielschule und habe nebenbei beim NDR Ansagen gemacht, um mir mein Studium zu verdienen«, erinnert sich Victoria. »Auf einer Reise von Portugal nach Deutschland bin ich dann über Mainz gefahren und habe mich bei einem Herrn Küchenberg – der später Sendeleiter war – vorgestellt. Wenig später wurde ich zum Vorsprechen eingeladen. Und es hat geklappt.«

Victoria Voncampe präsentierte mit ihren Kolleginnen das Programm des ZDF, wirkte später aber auch in Frankenfelds »Vergissmeinnicht« oder bei der »Glücksspirale« mit.

Victoria Voncampe war die erste Frau, die beim ZDF auf Sendung ging und später das Abendprogramm ansagte. Für den Nachmittag war Edelgard Stößel zuständig, die wenig später für Irritationen in der Chefetage sorgen sollte. Die junge Dame war nämlich leicht bekleidet auf einer Fastnachts-Party in der Bad Homburger Tennisbar aufgetaucht und hatte sich dabei auch noch fotografieren lassen. Was heute als eine Petitesse daherkommt, war damals ein Fall für den Intendanten.

»Darüber ist viel gelästert worden«, erinnert sich Dieter Stolte. »Große Freudensprünge hat Holzamer darüber nicht gemacht. Er hatte eine sehr klare Vorstellung darüber, was richtig und was falsch ist. Er war ein moralisch geprägter Mensch, der von der Sünde in der Welt wusste und auch, dass der Mensch ein verführbares Wesen ist. Dem wollte er im ZDF keine Plattform geben. Dieser Auffassung kann man sein. Für ihn waren die Ansagerinnen die Visitenkarten des ZDF. Und er sah einen Missbrauch dieser Visitenkarten, wenn eine der Damen so auffällig aus der Reihe tanzte und leichtbekleidet auftrat. Im Gegensatz zu heute und den freizügigen Damen in *Bild*, *Stern* und *Bunte* war das ja von großer Harmlosigkeit. In jener Zeit jedoch galt ein solcher Auftritt als etwas, was sich nicht schickt. Irgendwelche Schlussfolgerungen sind daraus nicht gezogen worden.«

[Heute würde man sich darüber nicht mehr aufregen …]

… schon allein deswegen, weil es keine Ansagerinnen mehr gibt. Aber noch einmal: Es war eine Zeit, die viel mehr von moralischen Standards bestimmt war als die unsere. Ich bin weit davon entfernt zu glauben, die damaligen Verhältnisse seien spießig oder engstirnig gewesen. Im Gegensatz zu heute, wo alles so locker und freizügig ist. Manches Mal würde ich mir ein wenig mehr von der Denkungsart wünschen: »Das tut man nicht, so benimmt man sich nicht, so tritt man in der Öffentlichkeit nicht auf«. Das würde unserer Gesellschaft besser anstehen, als es heute vielfach geschieht.

In der Chronik des ZDF behauptet Victoria Voncampe den ersten Platz in der Gilde ihrer Kolleginnen, zu denen sich später noch Mady Riehl, Bianca Zappe, Ute Zingelmann und Elfi von Kalckreuth gesellten. Die ständige Bildschirmpräsenz verhalf ihnen zu einem gewissen Star-Nimbus. So kam es bei der Hochzeit von Victoria Voncampe zu einem öffentlich ausgetragenen Gerangel zwischen zwei TV-Zeitschriften um die besseren Bilder. Mady Riehl gehörte später zur Jury von »Dalli Dalli« und Ute Zingelmann machte ihr Sportabzeichen in einem Wiesbadener Schwimmbad vor Reporterkameras. Die attraktive Victoria Voncampe moderierte zusätzlich zu ihrem Ansagerinnen-Job die »Glücksspirale« und ermittelte bei »Vergissmeinnicht« nicht nur die Gewinner, sondern spielte auch öfter mal in einem Sketch mit Peter Frankenfeld.

[Vicky, du hattest zwischendurch auch mal pausiert, weil du geheiratet hast, bist dann aber wieder zum ZDF zurückgekehrt.]

Ich bin schnell wieder zurückgekehrt, als mir klar geworden war, dass diese Ehe nicht funktioniert.

[Da war die Ehe mit dem ZDF beständiger.]

Ja, sie dauerte 17 Jahre. Wobei ich fairerweise sagen muss, dass ich mittlerweile 25 Jahre verheiratet bin.

[Damals verstand sich die ZDF-Belegschaft als große Familie, mit Karl Holzamer als Patriarchen.]

Das ging sogar so weit, dass ich gelegentlich mit meinen Kolleginnen beim Intendanten zuhause zu Kaffee und Kuchen eingeladen wurde. Da ging es sehr gesittet zu, und wir wurden danach von Dieter Stolte, der die rechte Hand von Professor Holzamer war, wieder nach Hause gefahren. Es hätte ja den jungen Damen unterwegs etwas passieren können.

[Karl Holzamer – die Vaterfigur?]

Karl Holzamer war mir immer sehr wohlgesonnen. Als ich ihn darum bat, mich nach meiner gescheiterten Ehe wieder zu beschäftigen, meinte er nur: »Wissen Sie, man kann sich ja mal irren im Leben.« Das fand ich schon ziemlich großzügig.

Irgendwann brach Victoria Voncampe dann doch wieder gen Norden auf und heuerte in ihrer Geburtsstadt Hamburg beim NDR an. »Ich bekam das Angebot, neben Carlo von Tiedemann die ›Aktuelle Schaubude‹ zu moderieren, eine Sendung, die damals eine ganz andere Bedeutung hatte.«

[Carlo gibt es ja immer noch. Er ist in Würde gealtert.]

Zum Richtfest für sein Traumhaus im Taunus lud Rainer Holbe (Mitte) die Kollegen Dieter Kürten und Victoria Voncampe ein.

Wie wir alle. Ich kenne keine Alternative, und wenn, dann ist die nicht erstrebenswert. Findest du Altwerden lustig?

[Lustig nicht gerade, aber es hat auch Vorteile. Man ist entspannter, ist nicht mehr erpressbar. Das Alter schenkt uns eine neue Dimension.]

Das finde ich auch, aber es ist nicht so prickelnd, alt zu werden, wenn man sich vergegenwärtigt, dass man die größte Phase seines Lebens bereits hinter sich hat.

[Vor dir liegt, wie man weiß, ein Leben als bildende Künstlerin.]

Ich beschäftige mich seit mehr als 15 Jahren intensiv mit Kunst. Ich bin keine Malerin, sondern mache Objekte und Installationen, die auch im Ausland ausgestellt werden. Ich hatte ja mal Krebs, und als ich da durchgekommen war, habe ich mein Leben noch einmal umgekrempelt. Mich hat Gegenwartskunst immer interessiert, und ich habe mich da wieder reingekniet, habe Unterricht genommen, stelle meine Werke auch aus in Dubai, San Francisco und Berlin. Das ist ein großer Teil meines Lebens geworden.

[Ich habe im Archiv eine Ansage von dir gelesen. 1964 sollst du vor der Kamera gesagt haben: »Wir berichten über die Olympischen Bettspiele«.]

Ich wollte natürlich sagen: Die Olympischen Wettspiele. Das ist mir nicht so ganz gelungen, und ich bekam daraufhin haufenweise Post. Ein Zuschauer rief sogar an und fragte, ob er sich an den Qualifikationswettkämpfen beteiligen könne.

[Die Victoria Voncampe von früher kann man sich schlecht als Großmutter vorstellen. Dennoch bist du eine geworden.]

(lacht) Mein Sohn ist 36, ich habe zwei kleine Enkeltöchter und finde das Leben als Großmutter ganz wunderbar.

Zum Jubiläum wünscht die ehemalige Chefansagerin Victoria Voncampe ihrem Sender »weiterhin gute Programme, viele Zuschauer und eine prächtige Zukunft« .

Auf der Brücke des Flaggschiffes

Dieter Kürten: Vierzig Jahre in einer der besten Sportredaktionen der Welt | Der Schimpanse und die Ehefrau von Tarzan

Der Kellner in den Frankfurter »Maingaustuben« erkennt ihn sofort. Obwohl er in den vergangenen Monaten sieben Kilo abgenommen hat und längst nicht alle Tage mehr auf dem Bildschirm erscheint, sagt Herr Said artig: »Schön, dass Sie unser Gast sind, Herr Kürten!« Während er den »Gruß aus der Küche« serviert, erinnert er sich an Kürtens legendäre Reportage vom Halbfinale der Fußball-WM 1990 zwischen Deutschland und England und seinem Jubelschrei nach dem gewonnenen Elfmeterschießen: »Und er verschießt! Damit sind wir's.«

Dieter Kürten, geboren 1935, ist noch immer das, was er einmal war: eine stattliche Erscheinung. Wer wissen möchte, wie sich ein eleganter Herr kleidet, braucht nur die vielen Fotos aus den vergangenen Jahren anzuschauen. Kürten trägt die Anzüge von »Boss« und »Armani«, und auch »Krawattenmann des Jahres« ist er schon geworden. Im »Maingau« lässt er seinen dunkelblauen, taillierten Kaschmirmantel zur Garderobe bringen.

[Ähnlich schnieke musst du wohl auch deinen ersten Auftritt in den Baracken des Eschborner ZDF-Provisoriums absolviert haben?]

In Schuhen von »Bally« und Hemden von »Heinemann« stolzierte ich vor einem knappen halben Jahrhundert durch den

Matsch der einstigen Sendezentrale. Natürlich trug ich auch einen schwarzen Stetson und einen Stockschirm über dem Arm. Ich sah aus wie ein Dandy aus einem Roman von Oscar Wilde.

[Wim Thoelke gehörte zu den Pionieren des ZDF. Dabei war er als einer der Chefs in der Hauptredaktion »Sport« stets auf der Suche nach neuen Talenten. Offenbar hast du Gnade gefunden vor seinen Augen?]

Thoelke schaute mit Wohlgefallen auf den bunten Vogel, der sich da vor ihm aufgebaut hatte. Es war ein Vorstellungsgespräch, aber auch so etwas wie ein Examen. Er testete mein Sportwissen, fragte nach dem Boxer Bubi Scholz und dem Reiter Hans-Günter Winkler, nach Alemania Aachen und Fortuna Düsseldorf. Als wir im Laufe des Gesprächs entdeckten, dass wir beide in Mühlheim an der Ruhr geboren wurden und jede Menge gemeinsame Bekannte hatten, war die Sache klar. »Wenn Sie mögen, können Sie nächste Woche anfangen«, sagte Thoelke, den wir später nur »Big Wim« nannten.

Bis zum endgültigen Start bei den »Mainzelmännchen« hat es dann zwar noch eine Weile gedauert, doch das Männergespräch in der Eschborner Baracke war die wohl wichtigste Weichenstellung im Leben des Dieter Kürten. Über vierzig Jahre seines Berufslebens hat er bei einem einzigen Arbeitgeber verbracht, dem *Zweiten Deutschen Fernsehen.*

»Mobbing« und »Burnout« waren in diesen Zeiten noch nicht erfunden, der heute übliche Parcours von Sender zu Sender war nicht üblich. »Ich hatte das große Glück, mein Berufsleben in einer der besten Sportredaktionen der Welt verbringen zu dürfen«, sagt Kürten. Abwechslungsreicher kann in der Tat eine Arbeit nicht sein. Wenn andere mühevoll ihre Kröten zusammenkratzen, um irgendwo dabei zu sein, reiste Dieter auf Kosten des

Zur Verleihung des Hessischen Verdienstordens an ihn hatte Dieter Kürten (links) auch seinen alten Freund Rainer Holbe in die Wiesbadener Staatskanzlei eingeladen.

Hauses zu Olympischen Spielen, Fußball-Weltmeisterschaften und Internationalen Reitturnieren. Dabei lernt man eine Menge berühmter Leute kennen, von der »schwarzen Gazelle Wilma Rudolph« bis zu Muhammad Ali, Königin Silvia, Steffi Graf, Boris Becker und Tarzan-Darsteller Johnny Weissmüller. Dessen Frau Maria sah sich plötzlich vor Millionen blamiert, als ihr ein ebenfalls anwesender Schimpanse die blonde Perücke vom Schopf riss. Die Dame reagierte gelassen, hatte sie sich doch vor dem Interview schnell mal vier doppelte Cognacs genehmigt.

Jedenfalls steht dies so in Kürtens Autobiografie *Drei unten, drei oben*, wobei unzweifelhaft die runden Öffnungen in der berühmten Torwand des »Sportstudios« gemeint sind – ein ebenso cleveres wie riskantes Projekt, das sich die Mannschaft in den Eschborner Baracken ausgedacht hatte. Mögen inzwischen die Moderatoren gewechselt und die Studiodekoration mehrfach modernisiert worden sein:

Das »Aktuelle Sportstudio« bietet bis zum heutigen Tag eine frische Mischung aus Sport, Information und Unterhaltung, Witz und Wissen. Trotz später Sendezeiten wurde es zu einem

DIETER KÜRTEN

Kluge Kollegen

»Jeden Tag bin ich gerne hingegangen«, erinnert sich Dieter Kürten. »Ich hatte stets angenehme, kluge Kollegen und auch ganz passable Chefs. Streit haben wir vermieden, stattdessen waren unsere Diskussionen stets professionell, wenn auch hin und wieder höchst emotional.«

Erfolgsformat, zumal es für die Mainzer auch eine der preiswertesten Live-Sendungen geblieben ist. Anfangs gab es für jeden Gast 150 Mark Aufwandsentschädigung, später 500 Mark. Doch die meisten Sportler verzichteten zugunsten der »Aktion Sorgenkind« auf eine Gage.

[Harry Valérien hat mir gesagt, dass das »Sportstudio« viele Väter hatte. Wer war denn nun wirklich der Erfinder?]

Das war tatsächlich ein Gemeinschaftswerk, geboren aus der Not, der ARD-Sportschau etwas Niveauvolles entgegenzusetzen. Bei aller Wertschätzung für Ernst Huberty oder Heinz Maegerlein hatten wir ein gesundes Sendungsbewusstsein. Thoelke hat unsere Eschborner Mannschaft einmal einen schöpferischen Haufen von Himmelstürmern genannt.

[Karl Holzamer – der Gottvater jener Pionierjahre – soll schließlich persönlich das Projekt abgesegnet haben?]

Er besaß ein feines Gespür dafür, dass die Sportredaktion über sehr unterschiedliche Talente verfügte. Heißsporne und Organisatoren, klassische Reporter und Showtalente, aber allesamt Journalisten, die eines wollten: den Fernsehsport in ein neues Gewand stecken.

[Entwickeln sich über die flüchtigen Begegnungen vor der Kamera hinaus so etwas wie Freundschaften?]

Mit dem Dressurreiter Reiner Klimke pflegte ich über Jahre hinweg eine sympathische Beziehung. Auch mit Franz Beckenbauer und Günter Netzer fühle ich mich freundschaftlich verbunden. Beckenbauer hat mich sogar einmal um ein Autogramm gebeten. »Net für mich, für meine Mutter«, erklärte der Kaiser. »Schreib: Für Antonie!«

Dieter Kürten stand als »Mann der ersten Stunde« 375-mal auf der Brücke des ZDF-Flaggschiffes. Er verdingte sich als Moderator, Reporter und Redakteur. Fünf Jahre – von 1984 bis 1989 – war er der Chef der Hauptredaktion »Sport«. »Einen so langen Weg geht niemand allein«, philosophiert Kürten. »Ich hatte Wegbereiter und Wegbegleiter, Freunde und Kollegen, die mich so nahmen, wie ich bin. Die mich forderten und anspornten. Die mit Nachsicht meinen Schwächen begegnet sind, die mich mit ihrer Kritik herausforderten und so nach vorne trieben.«

Er nennt die Namen von Wim Thoelke, Rainer Günzler, Harry Valérien, Hanns Joachim Friedrichs, Günther Jauch, Wolf-Dieter Poschmann und Michael Steinbrecher. Und *Focus*-Herausgeber Helmut Markwort ist ein guter Freund, der ehemalige Kollege aus der Düsseldorfer Redaktion des *Mittag*, der ihn damals einen »Kümmerer« genannt hat, weil er sich um jeden Mist scherte.

»Nicht vergessen dürfen wir meinen alten Kumpel Marcel Reif, dessen leicht zynische Art ich besonders schätze«, mahnt Kürten.

Noch immer ist Dieter Kürten der Grandseigneur des ZDF und in einem Alter, in dem er sich schon mal feiern lassen kann. Im Sommer 2012 erhielt er in der Wiesbadener Staatskanzlei von Ministerpräsident Volker Bouffier den Hessischen Verdienstorden für sein soziales Engagement und in Offenbach den »Hessischen Journalistenpreis« für sein Lebenswerk. Dass er dreifacher Großvater ist, verschweigt er nicht. Im Gegenteil, er genießt die neue Rolle. Die Enkel nennen ihn »großer Papa«; ein großes Kompliment.

»Das Böse auf der Welt existiert«

Peter Scholl-Latour als Gefangener in Prag / Im Flugzeug mit dem Ayatollah | Vom ZDF aus in die Welt

»Es mag ein seltsamer Einfall sein, Betrachtungen über die Schicksalswende, der unsere Welt ausgesetzt ist, in der Mongolei zu beginnen«, notiert Peter Scholl-Latour im Sommer 2012 für sein Buch *Die Welt aus den Fugen*. Er ist wieder unterwegs, diesmal in Ulan Bator, Tausende Kilometer von Europa entfernt. Der Mann will es noch einmal wissen, auch wenn er stramm auf die neunzig zugeht. Es hält ihn nicht am heimischen Schreibtisch, er recherchiert nicht über Internet oder Telefon. Er reist mitten hinein in die Krisengebiete dieser Welt. Peter Scholl-Latour, Experte für turbulente Großwetterlagen, ist ein gefragter Mann, sein Leben ein Roman. Eine der wichtigsten Einschnitte in seiner beruflichen Laufbahn war wohl 1971 der spektakuläre Wechsel von der ARD zum ZDF.

[Herr Scholl-Latour, Sie hatten ja einen ehrenwerten Posten als Korrespondent für die ARD in Paris. Dann waren Sie Programmdirektor im WDR. Der damalige Intendant Klaus von Bismarck hat Sie als Programmdirektor geholt …]

… der hatte mich am »porte épée« gepackt und in mir jemanden gefunden, der die Zustimmung aller Parteien bekam. Das habe ich dann zwei Jahre gemacht. Er hätte es am liebsten gesehen, dass ich sein Nachfolger als Intendant geworden wäre.

[Das wäre doch die Königskrönung gewesen.]

Ja, aber mich hat es nach draußen gezogen. Er hat mir später einmal gesagt, man kann einen Adler nicht in einen Hühnerstall sperren. (lacht) Wir sind im Guten auseinandergegangen, obwohl ich ja meinen Vertrag mit dem WDR gebrochen hatte.

[Sie gingen dann stehenden Fußes zum ZDF und reisten von Ihrem Pariser Standort aus zu den verschiedensten Einsätzen.]

Ich hatte eine große Freiheit. Ich glaube, niemand vor und niemand nach mir hat jemals so viel Großzügigkeit erlebt, wie ich sie beim ZDF hatte. Wenn ich mal als ARD-Korrespondent in den Nahen Osten ging, wo ich ja auch studiert hatte, kam sofort eine Mitteilung von irgendeinem ARD-Sender: » Ja, das ist doch unser Bereich, da hat er doch nichts zu suchen.« Im ZDF hatte ich diese Beschränkung nicht. Diese große Freiheit hat sich unter Dieter Stolte noch besonders entwickelt. Ich konnte meine Themen auswählen und konnte sie auch – manchmal im Gegensatz zur öffentlichen Meinung – uneingeschränkt veröffentlichen.

[Auch der stellvertretende Chefredakteur Karlheinz Rudolph hat Sie ja vorbehaltlos unterstützt.]

Rudolph war eine wahre Freundesgestalt. Der agierte damals noch in der Wiesbadener Sendezentrale, alles war überschaubar und spielte sich in einem engen Rahmen ab. Entscheidungen wurden ohne Umwege getroffen. Das war die Pionierzeit des ZDF.

Peter Scholl-Latour begann seinen Beruf als Zeitungsreporter. Wo Anfänger es gerade mal mit einem Bericht im *Mühlheimer*

»Ich hatte eine große Freiheit beim ZDF«, erinnert sich Peter Scholl-Latour (links) im Gespräch mit Rainer Holbe.

Tageblatt versuchen, gelang ihm die Platzierung einer Reportage in der angesehenen französischen Zeitung *Le Monde*. Er studierte damals in Paris und war knapp bei Kasse. Da kam ihm die Idee zu einer Reise in die damalige sowjetische Besatzungszone Deutschlands. Für französische Journalisten ein unmögliches Unterfangen. »Ich besuchte dort einen alten Schulfreund, der Stalingrad überlebt hatte, und konnte mich auch über den Uranabbau informieren, ein Tabu-Thema«, erinnert sich Scholl-Latour. Prompt wurde er in Görlitz verhaftet, aber nach einem Verhör in Bautzen wieder freigelassen. Die Reportage darüber bot er vergeblich verschiedenen Zeitungen an. Bis er es wagte, den Text seinem Lieblingsblatt *Le Monde* zu offerieren. »Die fanden das Manuskript ›très interessant‹ und veröffentlichten es auf der ersten Seite«, freute sich Scholl-Latour.

Es war die allerbeste Empfehlung für seinen Einstieg bei der *Saarbrücker Zeitung*, die damals wegen Papiermangels nur zwei Mal in der Woche erschien. In Saarbrücken ist er dann auch zeitweise Sprecher des Ministerpräsidenten Johannes Hoffmann gewesen. »Meinen Durchbruch als Journalist hatte ich im

Hörfunk«, erinnert sich der Reporter. »Als ich 1960 während der Kongo-Krise nach Afrika kam und die Reportagen mit einem alten Tonbandgerät aufzeichnete, das man noch mit der Hand ankurbeln musste.«

[Kommen wir zurück auf Ihre Tätigkeit als ZDF-Korrespondent in Paris, von wo aus Sie ja in die Welt gezogen sind, unter anderem nach Indochina. Während des Krieges wurden Sie dort mit Ihrem Team festgenommen?]

Wir wussten einmal in all dem Chaos nicht, wo die genauen Linien verliefen. Und auf einer Straße stand plötzlich ein Schild mit dem Wappen des Vietkongs. Dann kamen auch gleich die kleinen grünen Männer aus dem Busch. Als der Befehlshaber dieser Einheit unsere Kamera beschlagnahmte und uns dafür eine Quittung überreichte, wusste ich, es kann uns nichts passieren. Über ihre Verbindungsleute in Saigon haben unsere Bewacher dann sehr schnell erfahren, dass ich Journalist war und über den Krieg bisher objektiv berichtet hatte. Und so wurden wir ganz schnell freigelassen und bekamen auch unser Material zurück.

[Von Indochina – dem heutigen Vietnam – schwärmen Sie als eine Art erotischem Wunderland.]

Ich schwärme noch immer. Vor ein paar Jahren war ich wieder dort und habe auch General Giáp getroffen ...

[... der Führer der nordvietnamesischen Armee und Sieger der Schlacht von Điên Biên Phù ...]

... ja. Er kam herein in Uniform – er wusste, dass ich auf der anderen Seite gedient hatte –, und ich stand stramm und begrüßte ihn mit »Mon Général«, eine Anrede, die ich sonst nur

> bei der Vorstellung zu de Gaulle gesagt hatte. Er war ein alter Mann, ich war ein alter Mann. Da entsteht diese Spontaneität zwischen alten Männern, die ich immer wieder erlebe, eine gewisse Brüderlichkeit oder auch Komplizenschaft. Ich habe eine Frage an ihn gestellt: »Was war denn Ihr schwierigster Moment in der Schlacht von Điện Biên Phủ?« Und er antwortete: »Die chinesischen Generäle, die uns beraten wollten.« (lacht)

Legendär ist Scholl-Latours Begegnung mit dem iranischen Revolutionsführer Ayatollah Khomeini, den er nach dem Sturz des Schahs von seinem Pariser Exil aus im Flugzeug nach Teheran begleitete.

In dem Flugzeug belegte er die gesamte obere Etage, und mein Freund Tabatabai – der ein Verwandter von ihm war – bot uns an, ihn beim Morgengebet zu filmen. Was ganz ungewöhnlich war. Später wurde mir ein Couvert überreicht mit der Bitte, es gut zu verstecken, falls er bei seiner Ankunft umgebracht werden sollte. Wenn nicht, sollte ich es dem Imam – wie er genannt wurde – wieder zurückgeben. Acht Monate später hat mir Tabatabai dann gesagt, in dem Umschlag – den ich da zwei Stunden aufbewahrt hatte – habe die Verfassung der neuen arabischen Republik gesteckt.

[Konnten Sie sich später bei Ihren Aufenthalten im Iran auf derartige Begegnungen berufen?]

Heute noch. Bei meiner letzten Einreise haben Mitpassagiere zu den Zollbeamten gesagt, sie könnten doch den Mann nicht so lange warten lassen, der mit dem Imam gereist ist. Zur Not zeige ich auch mal das Bild, auf dem ich mit Khomeini im Flugzeug sitze. Bei der Hisbollah im Libanon zum Beispiel hat mir das sehr geholfen.

Scholl-Latour reist stets auf eigene Faust. Bei seinen Recherchen in den arabischen Ländern kommen ihm seine intimen Kenntnisse von Religion, Politik und Geschichte zugute. An der Universität von Beirut hat er ein Diplom in Hocharabisch abgelegt und ist in der Lage, Suren aus dem Koran zu zitieren. Das ist wichtig, um das Vertrauen seiner Gesprächspartner zu gewinnen. Scholl-Latour hält sich für einen eingefleischten Rationalisten, gesteht der Religion aber eine wesentliche Bedeutung im Leben der Menschen zu. »Es ist nicht zu übersehen, dass die Religion – außer in Europa – in vielen Teilen der Welt eine immer größere Rolle spielt«, sagt er. »Denken Sie nur an die Klerikalen in Amerika mit ihren fundamentalen Ausrichtungen.«

[Sie sind in einem Alter, wo man darüber nachdenkt: Was passiert mit mir, wenn ich sterbe? Die Religion bietet Ihnen auf diese Frage ja verschiedene Modelle an.]

Das Verhältnis zum Tod ist bei mir stets unkompliziert gewesen. Johannes Gross (verstorbener Publizist, R.H.) hat gesagt, der Scholl-Latour lebt immer in Erwartung des Todes. Ich habe keine Angst vor dem Tod, eher vor dem Sterben, das ziemlich scheußlich sein kann. Der Tod selbst ist neutral.

[Sie waren – nicht nur als Reporter in Vietnam – häufig gefährlichen Situationen ausgesetzt. Hatten Sie Angst?]

Die Angst ist eine Schutzreaktion. Kein Mensch ist davon frei. Doch man muss schon ein Gefühl für die Gefahr haben. Ich bilde mir nichts darauf ein, aber ich bin nicht ängstlich.

[Sind Sie in Ihrem Herzen mehr Franzose als Deutscher?]

Ich würde nie etwas unternehmen, das gegen Frankreich gerichtet ist. Und nie etwas tun, das sich gegen Deutschland richtet.

Im Moment stellt sich diese Frage nicht. Wenn es allerdings zu einem Bruch käme, dann würde ich mich nach dem Regime entscheiden. Natürlich ist mir der deutsche Parlamentarismus lieber als etwa die Nationale Front.

[Sie führen momentan ein komfortables Leben. Ihre Reportagereisen finden vorwiegend in der ersten Klasse des Fliegers statt ...]

... wenn es die gibt, und es gibt sie nicht überall. Manchmal sitze ich auch in klapprigen Gestellen der »Usbekistan Airlines«. Bei meinem letzten Besuch im völlig zerschossenen Misrata in Libyen haben wir zu dritt ein Bett vorgefunden. Aufgrund meines hohen Alters durfte ich im Bett liegen, die anderen haben auf dem Fußboden geschlafen.

[Das geniert Sie nicht, da sind Sie das alte Frontschwein?]

Ich schlafe unter allen Bedingungen gut. Ich schlafe vor allem schnell ein.

[Wo gefällt es Ihnen momentan am besten?]

Dort, wo ich stets den Sommer verbringe. In Tourette in Südfrankreich, vierhundert Meter über dem Mittelmeer.

So begleiten wir den weise gewordenen Peter Scholl-Latour weiter auf seinem Parforceritt durch die Weltgeschichte. Die schlimmste Erfahrung in seinem Leben machte er, bevor sein Reporterleben begann: In Prag wurde der junge Scholl-Latour am Ende des Zweiten Weltkrieges von der Gestapo verhaftet und landete für drei Monate im Gefängnis. »Ich blickte in einen Abgrund des Grauens«, erinnert er sich. »In jenen Tagen habe ich entdeckt, dass das Böse auf der Welt wirklich existiert.«

Mit der Zeitmaschine zu Kaiser Otto I.

Guido Knopp auf den Spuren der Geschichte: Ich bin der Dirigent, ich trage die Verantwortung

Ob Friedrich der Große oder Marco Polo, der Journalist Guido Friedrich Knopp interessiert sich für Menschen, die Geschichte geschrieben haben. 1948 im oberhessischen Treysa geboren, gilt er seit langem als einer der populärsten Fernsehjournalisten. Nach dem Studium war er Redakteur bei der *Frankfurter Allgemeinen Zeitung*, bis er 1984 Leiter der ZDF-Redaktion »Zeitgeschichte« wurde, in der Serien wie »Geheimnisse des 20. Jahrhunderts« und die mehrmals prämiierte Reihe »Die Deutschen« produziert wurden. Die achtteilige Dokumentar-Serie »Weltenbrand« bot erstmals eine umfassende Gesamtschau der Jahre 1914 bis 1945 in Deutschland.

[Wenn ein Dichter sein letztes Werk vorstellt, spricht man von einem »Schwanengesang«. War »Weltenbrand« der »Schwanengesang« des Guido Knopp?]

Im gewissen Sinne »Ja« – aber nur für das ZDF. Der Guido Knopp ist zwar beim ZDF in den Ruhestand gegangen, aber in seinem weiteren Leben bleibt er dem Fernsehen als Moderator, Produzent und Autor erhalten. Insofern hat sich nur sein Aggregatzustand verändert.

[In Ihrer aktiven Fernsehzeit wurden Ihnen zahlreiche Etiketten verpasst. Einige Historiker-Kollegen meinten gar, Sie hätten aus der Geschichte effektverliebte »History Fiction« gemacht. Sind das jene, die für Ihre diversen Produktionen als Experten nicht befragt worden sind?]

(lacht) Das sind alle, die als Experten nicht befragt worden sind. Ein Historiker, der uns öfter beraten hat, hat es einmal so formuliert: Neid muss man sich verdienen, und Mitleid bekommt man geschenkt.

[Von Ihren zahlreichen Produktionen erinnere ich mich an die Serie »Die Deutschen«. Allein die Folge über Karl den Großen erreichte 5,19 Millionen Zuschauer. So viele waren dabei, als dieser »Vater Europas« vor über tausend Jahren den Kontinent prägte. Deutsche und Franzosen betrachten den legendären Karolinger gleichermaßen als ihren Stammvater. Ein Erfolg für Kaiser Karl, aber auch für Guido Knopp?]

Unser Modell war ja, dass man Epochen der deutschen Geschichte über Personen erkundet, Menschen, die diese Epoche geprägt und bestimmt haben. Nehmen wir Karl der Große, August der Starke, Ludwig II. von Bayern oder Frauenfiguren wie Hildegard von Bingen und Rosa Luxemburg. Da passt diese Typisierung von Personen und Zeit gut zusammen. Damit erheben wir den Anspruch, Geschichte für alle darzustellen.

[Hinter der Marke »Guido Knopp« steht ein Heer von Autoren, Regisseuren, Produzenten und nicht zuletzt auch Fachleuten aus dem Bereich Geschichte wie Heinrich August Winkler oder Heinrich Schwendemann. Wie viel Eigenleistung von Guido Knopp steckt in diesen Produktionen?]

»Ich bin der Dirigent, ich habe die Verantwortung, dass die Sinfonie am Ende gut klingt«, kommentiert Guido Knopp sein Engagement für Geschichte im ZDF-Programm.

Ich vergleiche meine Rolle immer gerne mit der eines Dirigenten in einem Orchester. Ich bin der Dirigent, ich habe die Verantwortung, dass die Sinfonie am Ende gut aufgestellt ist und gut klingt. Aber die Celli, die Bratschen, die Geigen, die Bässe, die Trompeten, das sind meine tüchtigen Autoren, Rechercheure und Mitarbeiter. Es ist immer Teamwork, was da entsteht. Aber ich stehe natürlich in der Verantwortung.

[Mit den Fernsehproduktionen und Büchern erreichen Sie ein Millionenpublikum. Ein Beweis für das Interesse der Zuschauer für die Vergangenheit?]

Das ist richtig. Es gibt eine große Verantwortung für die Darstellung der Vergangenheit im populärsten Medium Fernsehen. Meine Intuition war immer, zu zeigen, dass die Zeit, für die ich Verantwortung trage, nämlich Zeitgeschichte des 20. Jahrhunderts im ZDF, zwei Epochen hat. Zum einen die Jahre zwischen 1914 und 1945 – der Dreißigjährige Krieg des 20. Jahrhunderts – als die schrecklichste Erfahrung dieser Epoche. Und kurz danach die beste Phase der deutschen Geschichte, die vom Tiefpunkt 1945 an bis heute die friedlichste und glücklichste Zeit war, trotz der Teilung Deutschlands.

[War der Fall der Mauer im Jahre 1989 der historische Höhepunkt des 20. Jahrhunderts?]

Es war das »Happy End« am Ende des Jahrhunderts. Mir war stets wichtig zu zeigen, dass sich die deutsche Geschichte nicht in diesen zwölf schrecklichen Nazi-Jahren erschöpft. Es gab vorher über 900 Jahre lang eine kulturell sehr reiche Phase und danach – nun fast schon sieben Jahrzehnte – eine glückliche und friedliche Epoche. Heute sind wir umgeben von Verbündeten, verlässlichen Freunden und guten Nachbarn.

Guido Knopp lobt den Europapolitiker und Luxemburger Staatschef Jean-Claude Juncker, der darauf beharre, dass bei aller Kritik an der Europäischen Union nicht vergessen werden dürfe, dass es sich in erster Linie um eine Friedensgemeinschaft handele. Wenn man bedenke, dass unsere Großväter noch aufeinander geschossen hätten und es jetzt Institutionen gäbe, die über den Frieden in Europa wachten und ihn gewährleisteten, sei dies eine unumkehrbare Situation. »Die Gemüter der Völker sind nicht so sicher, wie es die Institutionen sind«, meint Knopp. »Auch von daher ist die EU eine friedensstiftende Macht.«

[Hatte nicht das fast 800 Jahre währende Heilige Römische Reich ähnliche Strukturen wie die heutige Europäische Union?]

Wenn man dieses Heilige Römische Reich als Modell nimmt für Europa und dessen Tugenden und dabei die Fehler vermeidet, dann ist dieser Vergleich – mit Abstrichen – durchaus zulässig.

Mit Serien wie »Wir Deutschen« oder »Weltenbrand« erreichten Knopp & Co. ein Millionenpublikum am heimatlichen Herd, aber auch mehr und mehr in den Klassenzimmern der Kinder. Auf Initiative des »Verbandes der Geschichtslehrer« werden die Sendereihen – auch über die angebotenen DVDs – mehr und mehr im Unterricht eingesetzt.

Mein Geschichtslehrer hat damals Tonbänder, Schallplatten und alte Filme verwendet, um den Unterricht unterhaltsamer und abwechslungsreicher zu gestalten. Das ergab natürlich ein viel stimmigeres, emotionaleres Bild von Geschichte und hat meine spätere Berufswahl entscheidend beeinflusst. Heute ist es mit unserem Material viel einfacher, das Interesse an unserer Vergangenheit auch bei Kindern und Jugendlichen zu wecken.

[Das Medienzeitalter erfordert eine angepasste Präsentation geschichtlicher Ereignisse. Spielfilmszenen wechseln sich mit Dokumentationen und Computeranimationen ab. Es passiert etwas! Diese Art der Darstellung wird von manchen Experten heftig kritisiert.]

Es gibt ja immer mal wieder diese Feuilleton-Diskussionen über den Wert von Spielszenen in Dokumentationen. Ich war damals einer der Ersten, der diese Methode eingesetzt hat. Was haben wir alles an Kritik ausgestanden! Mittlerweile ist es unbestritten, ja sogar erforderlich, mit diesen Effekten zu arbeiten.

Jede Menge »Action« ist ein starkes Verkaufsargument gegenüber den internationalen Partnern, seien es Co-Produzenten oder Sendeanstalten. Erwartet wird ein professionelles Niveau, bei dem die Spielszenen nicht hinter der Kraft der dokumentarischen Authentizität zurückfallen dürfen. Computergrafiken haben sich in der letzten Zeit so verbessert, dass sie zum Beispiel bei der Darstellung von Kampfszenen virtuos eingesetzt werden können.

[Wir alle stehen auf den Schultern unserer Vorfahren. Wie wichtig ist es, mehr über sie zu wissen?]

Es ist ungeheuer wichtig, mehr über sie zu wissen. Alle diese Erinnerungen verlieren sich ja in der Familientradition, doch wir haben heute die Chance via Radio und Fernsehen, die Erinnerungen dieser Menschen aufzuzeichnen. Ich tue das beispielsweise mit unserer großen Aktion »Das Gedächtnis der Nation«, um die ich mich zusammen mit meinem Kollegen, dem *Stern*-Chefredakteur Hans-Ullrich Jörges, kümmere. Das ist eine Aktion, die sich um Zeitzeugen-Erinnerungen in ganz Deutschland bemüht. Da fährt ein Jahrhundert-Bus durch die Lande und nimmt in einem fahrbaren Studio die Erzählungen dieser Menschen auf. So werden wir irgendwann ein kollektives Archiv der Erinnerungen in Bild und Ton von Wendepunkten des 20. Jahrhunderts haben. Das ist eine nach vorne offene Aktion, die mir sehr am Herzen liegt.

[Zeitzeugen-Erinnerungen sind nicht alles.]

Natürlich nicht. Es gibt auch die klare Art der Geschichtsanalyse, aber daneben stehen die Erinnerungen von Zeitzeugen an bestimmte eigene Grenzerfahrungen ihres Lebens und damit der Geschichte. Ich vergleiche das immer mit Yin und Yan, das sind zwei Elemente, die ein Ganzes bilden. In Amerika habe ich das mal so formuliert: »History is cold and memory is warm.«

Guido Knopp ist besessen von Geschichte. Und es fehlt ihm nicht an Phantasie, sich vorzustellen, mit einer Zeitmaschine in die Vergangenheit zu reisen. Bei welchem Ereignis wäre er gerne dabei gewesen?

Ich würde mich für eines aus dem Mittelalter entscheiden und dabei gerne mit Kaiser Otto I. ein Essen einnehmen. Zum einen aus purer Neugier, wie die Mahlzeiten im zehnten Jahrhundert nach Christus tatsächlich ausgesehen haben. Zum anderen, um eine Wissenslücke zu schließen. Dieses Mahl sollte nach der Schlacht auf dem Lechfeld stattfinden, einem Ereignis, das zu den bedeutendsten in der Geschichte gehört. Der damalige Sieg gegen die Ungarn wird ja häufig als Geburt der Deutschen Nation bezeichnet. Ich habe zu dieser Schlacht jedoch eine besondere, ganz private Beziehung: Meine Frau ist nämlich Ungarin.

Und so kommt es denn auch immer wieder zu Diskussionen unter den Eheleuten, weil in den ungarischen Schulbüchern die Schlacht auf dem Lechfeld völlig anders dargestellt wird als in den deutschen Geschichtsbüchern. Für unsere Historiker sind die Ungarn die beutelustigen, mordgierigen Steppenreiter aus den Ebenen des Ostens. In der ungarischen Literatur sind esdie edlen Ritter, die auf Erkundungstour nach Westen gezogen waren, sozusagen präventiv, um künftige Feinde davon abzuhalten, in die heilige ungarische Tiefebene einzudringen. »Diese beiden unterschiedlichen Darstellungen zu präsentieren, ist bei uns in der TV-Serie eine besondere Herausforderung gewesen«, erinnert sich Knopp. »Ich würde auf meiner Zeitreise deshalb gerne von Otto dem Großen wissen wollen: Wie war's denn wirklich?« Schon um des lieben Friedens willen im Hause der Familie Knopp.

»Ich sehe mich wie der berühmte Zauberlehrling«

Thomas Gottschalk ist einer der dünnhäutigsten Fernsehmoderatoren | Ein Abendessen in Berlin

Wir lernten uns in der »Villa Louvigny« kennen, dem Sendezentrum von *Radio Luxemburg*, wo Thomas Gottschalk die »Hitparade« moderieren sollte. Frank Elstner hatte den munteren Newcomer vom Bayerischen Rundfunk abgeworben, um das Flaggschiff des RTL-Programms mit einem neuen Kapitän zu schmücken. Seine schnoddrig-witzige Moderation passte punktgenau zur Philosophie der »Vier fröhlichen Wellen«. Gottschalks vielseitige Talente waren für Elstner der Grund, ihn im September 1987 zu seinem Nachfolger bei »Wetten, dass..?« zu küren. Die Sendung ist noch immer unbestrittener Höhepunkt deutschsprachiger Fernsehunterhaltung, obwohl sich Gottschalk nach dem schweren Unfall des Wettkandidaten Samuel Koch 2011 von der Moderation zurückgezogen hat.

Nachdem er anschließend mit seiner ARD-Vorabendshow »Gottschalk Live« im Quotenloch verschwunden war, erlebte er die geballte Häme des Boulevards. »Als Retter wurde er empfangen, wie ein begossener Pudel schleicht er sich jetzt davon«, schrieb die *Bild*. Die Nachricht vom Scheitern erbarmte gar die Pfarrerin Adelheid Ruck-Schröder im »Wort zum Sonntag«: »Was für eine Niederlage für diesen Meister seines Fachs!« Um gleich darauf Trost zu spenden: »Niederlagen hinterlassen eben Spuren. Aber am Ende kommt es aufs Weitergehen an.«

Thomas Gottschalk bleibt der große Show-Star

der vergangenen zwanzig Jahre, auch gemessen an seinen Vorgängern Peter Frankenfeld, Rudi Carrell und Hans-Joachim Kulenkampff.

An dieser Stelle trat RTL-Télévison auf den Plan und hielt ihm nicht nur ein Mikrofon hin, sondern einen Vertrag als Juror für das »Supertalent« unter die Nase, an der Seite von Dieter Bohlen und Michelle Hunziker. Der Aufschrei in der Branche ließ nicht lange auf sich warten. »So richtig wohlzufühlen scheint Gottschalk sich in dieser Kulisse nicht«, konstatiert die *Frankfurter Rundschau*. »Wie festgetackert sitzt er hinterm Pult und muss ein paar durchschnittlichen Hundetricks ein Lob abgewinnen.«

Thomas Gottschalk hat auch das überlebt. Schließlich ist er stets der geblieben, der er immer war. Geld – man spricht von Millionen – und Ruhm haben ihn zumindest für sein privates Umfeld nicht verändert. Bei *Radio Luxemburg* war er ein Kollege unter vielen, der vergnügt als »Thomas Gottschalk« in einem Schmalfilm meiner Töchter mitwirkte, die darin mit Freundinnen die Popgruppe *ABBA* parodierten; der auf Rosis Sommerfest in unserem Garten gemächlich sein Pfeifchen rauchte und bis zum Morgengrauen blieb.

Gottschalk – der Gigant unter den deutschen TV-Moderatoren – ist noch immer einer der dünnhäutigsten. Kritik geht ihm nahe, Konflikte versucht er zu vermeiden oder zu schlichten. »Ich arbeite an einer Art von Hornhaut, die sich aber verdammt noch mal nicht einstellen will«, sagt er in unserem Gespräch. Und ergänzt: »Ich bin ein positiver Mensch.«

Wir sind in seiner Berliner Wohnung verabredet, die er sich während seines Aufenthalts in der Hauptstadt gemietet hat. Über die Jahre haben wir uns selten gesehen, doch die alte Vertrautheit stellt sich bald wieder ein. Seine fröhliche Ungezwungenheit ist keine Attitüde. Sobald drei Leute zusammen sind, beginnt er zu moderieren. Dabei ist er durchaus zur Selbstkritik fähig, als er zum Beispiel öffentlich bekannte: »Eigentlich habe ich mir immer eine Spaßgesellschaft gewünscht. Dass es jedoch so spaßig werden würde, das erschreckt mich jetzt doch. Ich sehe mich fast wie der berühmte Zauberlehrling, der begreift, was er angerichtet hat.«

[Ich bin der Ältere, ich darf dich examinieren: »Von Zeit zu Zeit seh' ich den Alten gern …«]

» … und hüte mich, mit ihm zu brechen.« Faust!

[Marcel Reich-Ranicki hat dich als einen Kenner des »Faust« mehrfach gelobt.]

Sommerfest in Luxemburg. Thomas Gottschalk kam als Gastsprecher ins Großherzogtum

Das ist nicht nur ein Werk, das erklärt, was die Welt im Innersten zusammenhält. Wer den Faust gelesen hat, hat sämtliche Problemkreise, die es im Leben gibt, kennengelernt: Liebe, Altwerden, Reichtum und die Macht des Geldes. Es ist alles drin.

[Wo bist du dem Faust zum ersten Mal begegnet?]

Wahrscheinlich – wie es sich für einen braven Gymnasiasten aus Kulmbach gehört – in der Schule. Und sicher auch im Landestheater Coburg. Für uns war es Pflicht, einmal im Monat dorthin zu fahren. Dort habe ich bestimmt eine Faust-Aufführung gesehen.

[Meinen ersten Kontakt zu Faust hatte ich als Achtjähriger in Frankfurt. In einer Buchhandlung drückte mir eine bildungsbeflissene Dame einen winzigen Band in die Hand: Faust I. Da ich keine andere Lektüre besaß, habe ich mich Seite für Seite durch dieses Büchlein gekämpft, habe es laut vorgelesen – und irgendwann kannte ich es auswendig.]

Donnerwetter, Respekt! Es stimmt schon: Was man in jungen Jahren lernt, hängt ewig im Kopf. Leider habe ich da auch viel Müll eingefüllt. Ich kann heute noch Dutzende von Popsongs der 1960er-Jahre auswendig. Hollies statt Heine, Kinks statt Kafka!

[Nomen est Omen, sagen die Lateiner: Gott-Schalk. Darin liegt so etwas wie eine Berufung.]

War mir damals nicht klar, aber zwischendurch ist diese Auslegung immer wieder bemüht worden. Es ist richtig, dass ich wahrscheinlich auch eine Vatikankarriere hingekriegt hätte, die Klamotten, die man da trägt, haben mich immer gereizt. Doch ich glaube, der Schalk hat das Göttliche bei weitem überwogen.

Bei allem Hang zum Schabernack, Gottschalk ist ein gebildeter Mann. Einer, der von der Sprachkunst eines Martin Walser fasziniert ist und der sich darüber freut, dass auch der Dichter sein Wirken schätzt. »Man neigt ja in unserem Geschäft dazu – das wirst du auch wissen –, sich von den Feuilletonisten verkannt und von der Intelligenz verschmäht zu sehen«, sagt er. »Und wenn sich dann mal ein Walser zu einem herunterbeugt, dann ist das wie Manna vom Himmel.«

Auch die wiederholten Begegnungen mit dem Kritikerpapst Marcel Reich-Ranicki hat Gottschalk goutiert. »Reich-Ranicki ist ja nicht wissentlich und willentlich lustig«, erinnert er sich. »Er ist kauzig. Und dies hat uns damals das ›Literarische Quartett‹ so interessant gemacht. Reich-Ranicki ist von einer unstillbaren Lebenslust und auch am Erotischen höchst interessiert.« Thomas Gottschalk hatte den Literaturkritiker in seiner »Late Night Show« gemeinsam mit der Porno-Queen Teresa Orlowski befragt. »Da haben seine Äuglein aber geleuchtet«, erinnert sich der Moderator. »Er hätte sich über Kafka nicht mehr freuen können.«

Inzwischen ist die alte Liebe zwischen dem Literatur- und dem Unterhaltungspapst wieder aufgeflammt. Reich-Ranicki empfing Gottschalk in seiner Frankfurter Wohnung, um ihn einfach mal wiederzusehen, das vereinbarte »Du« zu erproben und einen journalistischen Coup zu besprechen. Gottschalk taucht inzwischen regelmäßig als Kolumnist in der *Frankfurter Allgemeinen Sonntagszeitung* auf, um unter der Rubrik »Fragen Sie Gottschalk« Leseranfragen zum Thema Fernsehen zu beantworten.

[Frank Elstner ist siebzig geworden und hat pünktlich zum runden Geburtstag den Deutschen Fernsehpreis für sein Lebenswerk erhalten. Hat er von dir auch einen Orden zu erwarten?]

Ganz ohne Pathos sage ich: Es war einer der Glücksmomente in meinem Leben, als mich der Frank gefragt hat, ob ich »Wetten, dass..?« weitermachen möchte. Das war mir damals nicht klar, das ist mir erst heute bewusst. Ich weiß nicht, ob das dem Frank klar war, denn er hatte ja seiner Meinung nach mit »Nase vorn« das bessere Fernsehformat gefunden und das Zweitbeste gab er jetzt an mich weiter. Das war eine Fehleinschätzung. Doch der Frank ist ja – im Gegensatz zu mir – auch heute noch ein Kreativer. Der kommt ja dauernd mit irgendwelchen Format-Ideen. Mir ist in meinem Leben auch nicht der Ansatz einer Fernsehsendung eingefallen. Und dann ist mir mit »Gottschalk live« eine eingefallen, die keiner brauchte. Ich bin also ein Moderator und kein Kreator.

Der Frank ist äußerst kreativ und ist – ich muss es einfach sagen – ein feiner Kerl. Er ist in diesem Geschäft weder zynisch geworden noch korrupt gewesen. Er hat seine Macht nie genutzt, ist stets liebenswürdig. Ein anständiger Mensch, auch wenn dies altmodisch klingt. Er ist im besten Sinne ein Konservativer. Auch als RTL-Discjockey war er kein Freak, trotzdem haben ihn seine Hörer, mich eingeschlossen, geliebt und geschätzt. Es ist in diesem Rüpel-Geschäft nicht einfach, einen solchen Lebensstil durchzuziehen. Er hat es hingekriegt und dafür meinen größten Respekt.

[Die Erfahrungen, die du mit Frank Elstner gemacht hast, gelten auch für mich. Er hat viel verändert in meinem Leben. Allein, dass er mich nach Luxemburg geholt hat, war eine beachtliche Zäsur in meiner Biografie.]

Siehste. Und er konnte auch gönnen. Es gibt ja Leute, die Talent zur Kenntnis nehmen und dann schnell versuchen, es zu übersehen, weil es einem ja auch selber gefährlich werden könnte. Der Frank hat mich nach Luxemburg geholt, obwohl er ja damit auch riskiert hat, dass ich ihm dort die Show stehlen könnte.

Bei allem Hang zum Schabernack: Thomas Gottschalk ist ein gebildeter Mann.

[Es gab einmal ein *Spiegel*-Gespräch, in dem dir die Gretchenfrage gestellt wurde: Thomas, wie hältst du es mit dem lieben Gott?]

Er ist mir immer nahe gewesen, und es gibt für mich keinerlei Grund, daran zu zweifeln, dass es ihn gibt. Mein Beruf ist ja nun nichts anderes als Schaumschlägerei. Ich habe nicht wie andere Menschen mehrere Sprachen gelernt, ich habe keine zwölf Semester studiert, ich habe keine Gesetzbücher gewälzt oder medizinische Examina abgelegt. Ich habe eine Begabung und die liegt darin, dass ich am Stück reden kann und dass ich – und dies ist Teil dieser Begabung – vor einem Mikrofon oder vor einer Kamera keine Angst habe. Du weißt genauso wie ich, dass es viele Menschen gibt, die der freien Rede mächtig sind, die aber zu einem Nichts gerinnen, wenn man ihnen ein Mikrofon vor die Nase hält oder wenn sie eine Kamera sehen. Dass ich diese Ängste nicht habe und dass ich davon völlig unbeeindruckt bin, ist offenbar eine größere Begabung, als man denkt, und die auch weniger Menschen haben, als man glaubt. Deswegen sage ich, das kommt alles aus mir heraus. Irgendeiner wird es schon hineingetan haben.

Thomas Gottschalk hat großen Respekt vor dem, was er macht. »Nicht, dass ich mich in Ehrfurcht vor mir verneige, aber den Mut zu haben, sich vor eine Kamera zu stellen, um im besten Falle zehn Millionen Menschen zu erreichen – in den alten Zeiten waren es bei dir zwanzig Millionen – finde ich beachtlich«, konstatiert er. »In fremden Wohnzimmern den großen Max zu machen, verlangt eine Portion von Frechheit, aber auch von Demut, denn wenn die mich alle nicht wollen, dann wird das sehr schnell peinlich. Deshalb war mir immer bewusst, dass das nicht das Gleiche ist, wie Currywürste braten.«

Lampenfieber – ein harmloser Begriff für die nackte Angst – scheint er nie zu haben. Muss er auch nicht, denn er hat ein Talent, Menschen von der Leichtigkeit des Lebens zu überzeugen und davon, dass nicht alles fürchterlich ist. »Ich bin kein Journalist und bin kein Interviewer, der sich mit einer professionellen Neugier auf Menschen stürzt«, antwortet er seinen Kritikern. »Ich bin schlichtweg ein Unterhalter, so es das noch gibt. Das ist meine einzige Begabung, und damit bin ich gut durch mein berufliches und privates Leben gekommen.«

Wenn er überhaupt ein Vorbild akzeptiert, so ist es Altmeister Hans-Joachim Kulenkampff, der mit Sendungen wie »EWG« in den guten alten Fernsehzeiten Spitzenplätze belegte. Mit der Familie hat der kleine Tommy vor dem Apparat gesessen und zu keiner Sekunde daran gedacht, dass er jemals als sein Nachfolger gehandelt werden würde. Thomas hatte Radiofieber, und als er beim *Bayrischen Rundfunk* die ersten Platten auflegen durfte, war ihm klar: Das ist der Gipfel meiner beruflichen Karriere. »Kulenkampff war für mich – im Gegensatz zu anderen Unterhaltern – von seltener Souveränität«, erinnert sich Gottschalk.

»Hans Rosenthal machte immer diesen gespannten, hektischen Eindruck. Hauptsache, die Punktvergabe war korrekt und die Spielregeln wurden genau eingehalten. Dem Kuli war das wurscht. Ob vier oder fünf Punkte, die Beine seiner Kandidatinnen oder der lustige Name eines Gastes haben ihn viel mehr interessiert.«

Es war eine andere Zeit. Gottschalk gesteht es gerne ein. Wenn er heute Sendungen von damals sieht, dann fällt ihm »eine quälende Langsamkeit« auf, die heute »unglaublich anachronistisch« wirke.

Für Frank Elstner ist Thomas Gottschalk – bei aller Kritik, die bisweilen aufflammt – noch immer der beste deutsche Moderator. Neben der »Goldenen Kamera« und dem »Bambi« steht der »Goldene Otto« von »Bravo« und der »Hammer-Schlumpf« von »Pop Rocky«, den außer ihm vielleicht noch »Sweet«, »Slade« oder die »Bay City Rollers« bekommen haben. Respekt zollt er dem »Grimme-Preis«, eine Art »Pour le Mérite« der Fernsehbranche. »Beim Grimme-Preis ist es doch ähnlich wie bei Reich-Ranicki oder Walser«, sagt er. »Du denkst, die nehmen dich gar nicht zur Kenntnis. Du bist halt irgendein Hanswurst, der für so eine Auszeichnung nicht in Frage kommt. Und dann habe ich ihn gekriegt, ausgerechnet für mein Lebenswerk.« Vor der Verleihung sei er schon etwas nervös geworden, gesteht Thomas. Doch als er dann auf der Bühne stand, das erlesene Publikum und die anderen Preisträger sah, war ihm plötzlich klar, »die kochen auch alle nur mit Wasser und sie sind genauso eitel wie unsereiner«. Die »Crème de la Crème« des deutschen Geistes vor Augen kam ihm die Erkenntnis: »Da sitzen auch nur ein paar Schnarchnasen herum, vor denen du dich nicht fürchten musst.«

Harald Schmidt – vor ihm ebenfalls Grimme-Preisträger – wird von Gottschalk ob seiner »unglaublichen Kraft« verehrt. Nur solche Leute im Fernsehen imponieren ihm, keine Prompter-Ableser oder schön frisierte Ansager. »Der Harald hat im Gegensatz zu mir eine völlig andere Einstellung zum Publikum«, sinniert Gottschalk. »Ich bin ein total auf die Zuschauer fixierter Unterhalter, der dann glücklich ist, wenn möglichst viele Leute möglichst viel Spaß haben. Der Harald sagt, es ist mir egal, wie viele Leute zuschauen, es ist mir egal, ob die mich mögen, ich habe ein Podium, und das nutze ich. Und wenn ich mich dafür entscheide, jetzt eine halbe Stunde Französisch zu sprechen, dann mache ich das.«

Umgekehrt drückt Harald Schmidt seine Wertschätzung für Thomas Gottschalk so aus: »Tommy gehört zu den Gesegneten, die in einem Kosmos leben, unabhängig von dem, was drumherum passiert.«

[Joachim Fuchsberger hat das Buch *Altwerden ist nichts für Feiglinge* geschrieben. Stimmst du dieser Aussage zu?]

Ja, aber es fragt einen ja keiner, ob man alt werden möchte. Schon in der Schule hatte ich ein arithmetisches Problem. Ich verrechne mich immer noch laufend. Ich habe neulich über irgendwelche Kindheitserlebnisse gesprochen und beiläufig gesagt, das ist ja auch schon vierzig Jahre her. Irrtum. Das ist fünfzig Jahre her. Ich habe den jungen Kollegen Karl-Theodor zu Guttenberg kennengelernt und ihm gesagt: »Ich kannte deinen Vater gut.« Das war aber der Großvater. Also fehlen mir dauernd zwanzig Jahre in meinem Dasein, von denen ich weiß, dass ich die wohl auch irgendwann gelebt habe, aber ich war nicht dabei. Also bin ich von meinem Gefühlsleben her etwa vierzig. Ich merke, ich bin kein Kind und kein Jugendlicher mehr, aber ich weigere mich, zur Kenntnis zu nehmen, dass ich ein gereifter Mann bin. Bis ich in den Spiegel schaue oder einen Blick in den Kalender werfe.

Aber wir haben einen großen Vorzug. So wie du zum Beispiel: Du hast mit dreißig mit Leuten zu tun gehabt, die dich heute immer noch interessieren. Wir sind nicht abgefallen vom Glauben. Ich habe mich mit »Led Zeppelin« gut unterhalten, als ich zwanzig war, und ich unterhalte mich mit denen immer noch gut. Ich bin nicht irgendwann ein Freund der Operette geworden. Die Oper hat mich immer schon interessiert. Ich habe weder meinen Klamotten-Stil noch meinen Musikgeschmack noch sonst etwas ändern müssen. Gott sei Dank auch nicht das, was ich esse, zumal ich das große Glück habe, dass ich alles vertrage. Es gibt Menschen, die mit dreißig schon irgendwas mit dem Magen haben.

[Du scheinst wirklich ein Glückskind zu sein.]

Das Glück, alt werden zu können, ohne etwas aufgeben zu müssen, gilt auch für viele andere meiner Generation. Und dass wir – glaube ich – die beste Zeit hatten, die es überhaupt für eine Generation in Deutschland je gegeben hat. Du hast ja noch als Kind eine schwierige Zeit bewusst miterlebt. Ich bin 1950 als ein Wirtschaftswunderkind in den wachsenden Wohlstand hineingeboren worden. Obwohl wir keine vermögenden Leute waren. Ich habe auf »Bafög« studiert, bin also auch ein Nutznießer des Sozialstaates. Ich habe Radio gemacht zu einer Zeit, als es gerade interessant wurde. Ich habe Fernsehen gemacht, als es möglich wurde, dort auch mal die Klappe aufzureißen. Ich habe bei Radio Luxemburg die Chance gehabt, eine ganz andere Form von Radio auszuprobieren. Ob öffentlich-rechtlich oder privat, ich habe alles durchgemacht. Und immer zu den besten Zeiten. Und durch dieses Fenster geschaut zu haben, das heute für junge Kollegen nicht mehr offen steht, das ist das große Glück meines Lebens.

Erfolg und Karriere sind dem munteren Sohn einer Familie aus Kulmbach nicht in die Wiege gelegt worden. Die Sippe kam als Flüchtlinge aus Schlesien. Seine Mutter ist 1921 geboren und ge-

Vor Mikrofon un[d] Kamera hat er keine Angst, un[d] Lampenfieber kennt er nicht, gesteht Thomas Gottschalk im Gespräch mit Rainer Holbe.

hörte zu jener betrogenen Generation, die als Kind noch die Not nach dem Ersten Weltkrieg erleben musste und als junge Frau den Wahnsinn des Zweiten Weltkrieges. »Also ganz furchtbar«, kommentiert Gottschalk. »Mein Vater war älter als meine Mutter und ist gestorben, da war ich vierzehn. Er gehörte zu den ernsten, etwas korpulenten Herren mit der Nickelbrille und den zurückgekämmten Haaren, die mit fünfzig bereits uralt aussahen.«

Als Vater will Thomas Gottschalk das totale Gegenteil sein. »Ich habe mich für meine Kinder zum Deppen gemacht, bin auf dem Bauch rumgekrochen und Achterbahn gefahren, bis mir schlecht geworden ist«, erzählt er. »Wir können heute als Großväter total unerwachsene Dinge mit unseren Enkeln treiben, weil wir beweglich geblieben sind und uns der nötige Ernst fehlt. Unsere Väter-Generation war eine ernste Generation. Und wir sind weder erwachsen geworden, noch haben wir uns verabschiedet von den unsinnigen Dingen des Lebens. Das macht uns für unsere Enkel natürlich attraktiver.«

[Beim Abschied von Markus Schächter als Intendant des ZDF ist mir aufgefallen, dass ihr euch geduzt habt. Dies wäre bei meinem Intendanten Karl Holzamer niemals möglich gewesen.]

Also, ich war schon drei oder vier Jahre ein durchaus bemerkbarer ZDF-Mitarbeiter und bin auf dem Flughafen in München dem damaligen Intendanten Professor Stolte begegnet. Er hatte mich nicht erkannt, und ich ging noch mal außen rum, um ihm die Chance zu geben, mich beim zweiten Mal zu erkennen. Er wusste schlicht und einfach nicht, wer ich war. Ganz anders Markus Schächter, den ich mal bei einer Produktion angepflaumt hatte: »Bist du hier der Hauskaplan?« Der trug immer so merkwürdig graue Anzüge und war irgendwie Referent. Den hab ich schon geduzt, bevor er zum Intendanten gekürt wurde. Das heißt, die Generation, mit der wir groß geworden sind, ist mit uns in Amt und Würde reingerutscht. Den habe ich geduzt, weil er mein Buddy war. Und als er dann immer höher in der Hierarchie aufstieg, gab es kein Zurück mehr. Weder für ihn noch für mich.

Es gäbe noch viel zu erzählen an diesem Abend in Berlin. Wir sprechen über ehemalige Radio-Kollegen aus Luxemburg, über Gottschalks Leben in Kalifornien. Mit Thea und Rosi gehen wir ins »Borchardt«, Berlins Promi-Restaurant. Dem Chef ist es peinlich, dass er nur noch einen Ecktisch im Hof hat, weil irgendeiner die Reservierung verschlampte. Er nähert sich Gottschalk so wie einst Kaiser Heinrich IV. dem Papst auf dem Weg nach Canossa. In seinem Blick schimmert die Hoffnung auf Vergebung. Dafür sind die Wiener Schnitzel ein Gedicht.

Mit dem Motorroller zur Radiokarriere

Frank Elstner – der Erfinder von »Wetten, dass..?« – gewann beim Hunderennen 25.000 Mark und eine zündende Idee

Dieses Mal war es ein rauschendes Fest. Frank Elstner, der noch nie einen seiner runden Geburtstage gefeiert hat, konnte sich den Ovationen zum Siebzigsten nicht entziehen. Fast zweihundert Freunde, Kollegen und Weggefährten versammelten sich in Baden-Baden, um ihm beizustehen. Denn ein wenig Bammel hat er schon vor dieser Zahl, die einem signalisiert, dass die goldenen Jugendjahre endgültig vorbei sind. Ansprachen hat es an diesem Abend keine gegeben, das hohe Lied auf den Entertainer blieb ungesungen. Zu gerne hätten einige seiner prominenten Gäste etwas zu diesem Jubilar gesagt. Die Verlegerin Friede Springer war gekommen, Exminister Norbert Blüm, Joachim Blacky Fuchsberger, der frühere ZDF-Intendant Dieter Stolte und die Kollegen Markus Lanz und Ragna Yogeshwar. Sie alle hätten ihn preisen und hochleben lassen können, aber der Jubilar hatte sich jede Art von Hymne verbeten.

Frank Elstner, der eigentlich Timm Maria Franz heißt und 1942 im österreichischen Linz als Sohn eines Schauspieler-Ehepaares zur Welt kommt, ist der Fernsehunterhalter mit dem längsten Atem. Bereits mit zehn Jahren spricht er bei Radio Baden-Baden das »Bambi« und bekommt dafür deutlich mehr Gage, als seine Eltern auf der Bühne an einem Abend einnehmen. Dass einmal der Dichter Hermann Hesse in einem Nebenstudio ihm eineinhalb Stunden zugehört hat, erzählt Frank noch heute.

Die ersten Lebensjahre verbringt der Knirps mit den Eltern in Brünn, wo der sudetendeutsche Vater Oberspielleiter am Theater ist. Die Wirren des Krieges beuteln die kleine Familie, die schließlich in Berlin landet, wo Timm in der Wilmersdorfer Grundschule einen Platz findet. Er spielt in den Trümmern und bezahlt dies fast mit dem Leben. Als er sechs Jahre alt ist, reißt ihm eine Granate den Fuß auf. Beherzte Ärzte und zahlreiche Kochsalzinjektionen retten ihn. In den Fünfzigern landet die Familie in Baden-Baden. Inzwischen ist Frank Elstner nach langen Wanderjahren zurückgekehrt, hier lebt sein Bruder, hier liegen die Eltern begraben.

Die Showkarriere beginnt bei *Radio Luxemburg*. Mit einem Motorroller und ein paar Hemden im Gepäck reist er an. Bald schon wird er Chefsprecher in der »Villa Louvigny« und wenig später Programmdirektor der »Vier fröhlichen Wellen«, deren wöchentliche Hörerzahlen er auf 30 Millionen steigert. »Meine Arbeit bei *Radio Luxemburg* war die wichtigste Zeit in meiner persönlichen Entwicklung«, weiß Elstner heute. »Ich hatte als junger Mensch Gelegenheit, in einem aufstrebenden Sender eine Karriere von unten nach oben in verhältnismäßig kurzer Zeit zu machen. Da war eine Aufbruchstimmung in Deutschland, weil *Radio Luxemburg* eben die Programme brachte, die der Zuhörer wollte und die von den öffentlich-rechtlichen Anstalten so nicht bedient wurden.«

Trotz diverser Empfangsschwierigkeiten blieb die Reichweite von »Elstner & Co.« aber immerhin bei 15 Millionen Hörern, einer Akzeptanz, die der von *Bild* gleicht. In der Musikszene war *Radio Luxemburg* die Nummer eins und der »Goldene Löwe« der begehrteste Medienpreis in Europa. Mit den Auftritten von »ABBA« bis zu den »Bee Gees«, von Otto bis Roy Black haben die Luxemburger Radiomacher die Westfalenhalle in Dortmund oder die Gruga-Halle in Essen stets zum Kochen gebracht.

Vom Chef zum Freund: Frank Els[…] mit Ehefrau Britta[…] Besuch bei Raine[…] Holbe in Frankfu[…]

Dazwischen gondelt Frank Elstner regelmäßig zum SWR nach Baden-Baden, um die »Montagsmaler« zu moderieren. 1981 schafft er den Sprung auf die obersten Sprossen der Karriereleiter. Dass ihm die Idee zu »Wetten, dass..?« im Traum eingefallen ist, wird oft erzählt. Dass er das Flaggschiff der Fernsehunterhaltung eines Tages ohne Not an Thomas Gottschalk übergibt, sieht Elstner in der Rückschau auf Leben und Werk nicht als Fehler, sondern als Chance, um sich weiterzuentwickeln.

Als er nach »Wetten, dass..?« die von ihm produzierte Show »Nase vorn« übernimmt, kommt es zur öffentlichen Hinrichtung. Die hohen Erwartungen der Mainzer Fernsehmacher werden nicht erfüllt. Mit Einverständnis des Erfinders setzt das ZDF die Sendung ab, und das Schlagzeilengericht fällt sein Urteil: Aus für Frank Elstner.

Der damalige Wahl-Luxemburger aber zieht nicht auf die von vielen bereits ausgespähte einsame Insel, er wandert auch nicht aus, sondern geht schlichtweg in sich. Sein Blick schweift nicht zurück im Zorn, er ruht eher milde auf seinen Widersachern. Elstner hat an sich erfahren, was offenbar jedem Aufsteiger in der wechselvollen Geschichte des Menschengeschlechts beschieden ist: das »Hosianna« und das »Kreuziget ihn«.

Als ein allmächtiger Programmdirektor von *Radio Luxemburg* war er der von Medienkollegen umworbene Partner. Wurde er als freischaffender Moderator der von ihm erfundenen Show »Wetten, dass..?« noch wohlwollend beschrieben, lieferte er sich mit dem Aus von »Nase vorn« endgültig seinen Gegnern, Neidern und Kritikern aus. Elstner legte daraufhin nicht das Armutsgelübde ab, obwohl er als ehemaliger Zögling eines theologischen Seminars dafür alle Voraussetzungen mitgebracht hätte. Elstners Luxemburger Firma produzierte munter weiter Fernsehunterhaltung; der Meister vertauschte seine Position als Galionsfigur nur mit einem Platz in der Kulisse.

Das Versteckspiel dauerte nicht lange. Bald darauf moderierte Elstner die Quizserie »Jeopardy« bei RTL und »Verstehen Sie Spaß« oder »Die große Show der Naturwunder« für die ARD. Keine der momentan illustren Fernsehnasen hat so viele Sendungen auf der Haben-Seite ihrer Biografie. Persönlich wichtig sind Elstner »Die stillen Stars«, Bildschirmporträts von Nobelpreisträgern, bei denen er seine Interviewerqualitäten einsetzen konnte. Auch in der wöchentlichen SWR-Sendung »Menschen der Woche« ist er eher Journalist als Unterhalter.

Zwischen den Trophäen in der Vitrine steht die »Goldene Kamera« neben dem »Bambi«, steht der »Deutsche Fernsehpreis« für sein Lebenswerk neben dem ihm 1979 verliehenen Orden »pour la Mérite« des Großherzogtums Luxemburg und dem Bundesverdienstkreuz. Elstner ist ein respektierter Bürger seines Landes. Als im Frühjahr 2012 der Bundespräsident im Berliner Reichstag gewählt wird, sitzt Frank als Wahlmann in einer der ersten Reihen.

[Immer wieder wird kolportiert, dass dir die Idee zu »Wetten, dass..?« im Traum gekommen ist. Eine Mär oder stimmt die Geschichte?]

Die Idee kam mir im Halbschlaf. Ich hatte einen großen Erfolg mit den »Montagsmalern«, doch die haben mich ziemlich abgelenkt von meiner Arbeit als Direktor bei *Radio Luxemburg*. Deswegen habe ich nach sechs Jahren mit dieser Fernsehsendung aufgehört, weil ich Angst hatte, dass RTL in meiner Wahrnehmung zu kurz kommen könnte. Der damalige SWR-Programmdirektor Felix Schmidt konnte das überhaupt nicht verstehen. Er kam mir noch nachgereist und sagte: »Mensch, Sie hatten jetzt drei Mal hintereinander 55 Prozent Einschaltquote. Da hört man doch nicht auf.« »Doch«, sagte ich, »mir liegt *Radio Luxemburg* sehr am Herzen. Ich muss aufhören, ich brauche jetzt eine Pause.«

Und da gab es den Programmdirektor Dieter Stolte, der damals von Baden-Baden zurück zum ZDF ging. Er hatte mir einmal gesagt: »Wenn Sie irgendwann eine gute Idee zu einer Samstagabend-Show haben sollten, dann kriegen Sie die.« Da war ich natürlich wie elektrisiert und habe monatelang darüber nachgedacht, was kann man am Samstagabend alles machen? In einer meiner schlaflosen Nächte stellte ich mir die Frage: Warum wird im Fernsehen eigentlich nicht gewettet? Dann bin ich aufgestanden wie von der Tarantel gestochen, bin in die Küche gerannt, habe mir eine Flasche Rotwein aufgemacht, habe mir Papier und Kugelschreiber geholt und nur über Wetten nachgedacht. Dieses Papier gibt es noch. Ich habe eine Kopie davon Thomas Gottschalk zur hundertsten Sendung geschenkt. Der Schrift sieht man an, dass der Rotwein immer mehr wirkte. Doch das Papier ist schon überschrieben mit »Wetten, dass..?«, mit der Saalwette und anderen Wettideen.

Ich war so von dieser Idee überzeugt, dass ich morgens um sechs Uhr den Soni (Dr. Heinrich Walter – langjähriger Freund

FRANK ELSTNER

Kein Witz!

Thomas Gottschalk hat mir einmal gesagt, dass es einer seiner wichtigsten Momente in seinem Leben gewesen sei, als ich ihn anrief und fragte, ob er nicht »Wetten, dass..?« übernehmen möchte. Und dass er mir das nicht geglaubt hat und dass ich einen Witz gemacht hätte. Wir haben uns dann in einem Münchner Hotel verabredet. Da kam er schon zur Tür herein und strahlte über beide Backen. Seither hat er ein Gefühl der Dankbarkeit mir gegenüber, und er erzählt es auch immer wieder, dass er diese Weichenstellung in seinem Leben mir verdankt. Ich habe zu ihm und seiner Familie ein sehr gutes Verhältnis.

und Mitarbeiter von Elstner, R.H.) anrief und ihm sagte: »Ich hab's, wir müssen sofort daran arbeiten.« Der kam auch tatsächlich, und ich habe ihm beim Frühstück die Nummer erklärt. Auch er war sofort begeistert. Noch am selben Morgen haben wir uns mit Wolfgang Penk verabredet (späterer ZDF-Unterhaltungschef, R.H.) und mit meinen Sympathisanten im ZDF, an erster Stelle natürlich mit Dieter Stolte, die sich für die Idee von Anfang an eingesetzt haben. Gemeinsam mit meinem Anwalt wurde schnell der Vertrag gemacht, und dann ging es auch schon bald los. Und viele Jahre später wurde ich danach gefragt, ob mir »Wetten, dass..?« im Traum eingefallen sei.

Der Traum ist bekanntlich ein Spiegelbild der Wirklichkeit. Vorausgegangen war während einer London-Visite Elstners der Besuch eines Hunderennens, bei dem er auf den größten Außenseiter gewettet hatte. Bei einer Panne waren sämtliche seiner Konkurrenten aus der Kurve geflogen, nur Elstners Außenseiter nicht. Der machte das Rennen, und Frank gewann umgerechnet 25.000 Mark. »Höchstwahrscheinlich hat dieses Erlebnis mich in meinem Unterbewusstsein so beeindruckt, dass ich mir in dieser berühmten Nacht die Frage gestellt habe: ›Warum wird im Fernsehen nicht gewettet?‹«, überlegt Elstner.

Inzwischen wird nicht nur im ZDF munter weitergewettet. Nach dem Abgang von Thomas Gottschalk steht Markus Lanz auf der Brücke des ZDF-Flaggschiffes. Auch andere Länder übernahmen Elstners Show-Idee, für die er weiterhin im Abspann der Sendung genannt wird. Klingelt es danach in seiner Kasse? »An den ausländischen Rechten bin ich mit einem geringen Prozentsatz beteiligt«, antwortete der Meister dem *Spiegel*. »Die deutschen Rechte habe ich damals zu hundert Prozent verkauft. Das war mein größter wirtschaftlicher Fehler.«

Dass RTL den Rückzug seines damaligen Radio-Chefs Frank Elstner nicht verhindert hat, macht sich der damalige Generaldirektor Gust Graas noch heute zum Vorwurf. Statt des kreativen Elstner hatte er sich für den Juristen Helmut Thoma entschieden als Chef des deutschen RTL-Fernsehprogramms.

Mit »Wetten, dass..?« war Elstner zwar nach kurzer Zeit in die Oberklasse der TV-Unterhalter aufgestiegen, aber so richtig ausgelastet fühlte er sich damit nicht. ZDF-Intendant Stolte brachte ihn mit den Redakteuren der Kultur-Sendung »Aspekte« zusammen, für die ein Moderator gesucht wurde. »Bei all den Gesprächen habe ich jedoch herausgehört, dass sie gewisse Bedenken hegten, wenn ein Unterhalter ihre Sendung präsentieren würde«, erinnert sich Elstner, der daraufhin absagte. Nachdem er im Fernsehen ein Porträt über Einstein gesehen hatte, machte er sich auf die Suche nach den heutigen »Einsteins«: den Nobelpreisträgern. Daraus wurden dann »Die stillen Stars« mit insgesamt 134 Folgen. Als Kultursendung lief sie oft auch tief in der Nacht, aber mit ordentlichen Einschaltquoten.

[Was hast du von deinen Gesprächspartnern, den Nobelpreisträger, gelernt?]

Was mich beeindruckt hat, sind die wirklich revolutionären Antworten von Wissenschaftlern, die immer disziplinärer denken und ganzheitliche Methoden und Modelle entwickeln und auch versuchen, in ihnen zu leben. Naturwissenschaftler erschließen sich die Geisteswissenschaften und hoffen, dass ein Prozess der neuen Ganzheit entsteht.

[Deine Gespräche mit den Nobelpreisträgern endeten stets mit einer Aufforderung zu einer persönlichen Botschaft an die Fernsehzuschauer. Ich bitte nun den Erfinder dieses Gags um seine ganz persönliche Botschaft.]

Ich habe fast über hundert solcher »letzten Sätze« gehört, die sich fast alle auf einen Nenner bringen lassen. Dem schließe ich mich gerne an: »Man sollte seine eigene Begabung herausfinden, sich daran orientieren und Dinge tun, die man gerne macht. Wenn einem das gelingt, wird man auch verhältnismäßig leicht mit Schwierigkeiten fertig.«

Inzwischen leitet Frank Elstner neben seinem Engagement beim SWR eine Meisterklasse der Axel-Springer-Akademie, in der jungen Moderatoren journalistisches Handwerk vermittelt werden soll.

Jeden Tag 25 Kilometer mit 13 Kilo auf dem Rücken: Frank Elstner auf dem Weg nach Santiago de Compostela.

[Wie sind denn die Anforderungen, die heute an Menschen in diesem Geschäft gestellt werden?]

Erst einmal gibt es keine festen Regeln. Niemand in diesem Beruf wird nach seinem Schulzeugnis gefragt, und sei es auch noch so glänzend. Auch Kenntnisse über die neueste Herrenmode fallen kaum ins Gewicht. Was zählt, ist eine starke Ausstrahlung, ja, fast eine charismatische Wirkung. Leider gibt es immer weniger solcher Persönlichkeiten, die sich vor einer großen Öffentlichkeit beweisen.

[Haben sie Angst vor einer Blamage?]

Das große Erlebnis der Live-Sendung ist zum Risiko geworden. Viele Show-Sendungen werden aufgezeichnet. Hinterher die Fehler rausschneiden und so tun, als hätte man nie welche gemacht, ist Mode geworden. Die starken Persönlichkeiten, die auch mit Patzern leben können, werden weniger. Und bei denen ist es völlig egal, wie sie aussehen und ob sie studiert haben oder nicht.

[Gilt dieser Mangel an Persönlichkeiten nicht für die ganze Gesellschaft? Wo sind die wirklich bemerkenswerten Figuren in der Politik, in den Unternehmen?]

Ich möchte die Frage für mich selbst beantworten, aber auch betonen, dass dies meine eigene Einschätzung ist: Eines der großen Probleme unserer Zeit ist das Artensterben. Das gilt nicht nur für die Tier- und Pflanzenwelt. Das Artensterben gilt für unsere ganze Gesellschaft und geht einher mit einem großen Kulturverlust. Für Dinge, die früher wichtig waren, hat man heute keine Zeit mehr, und man findet kaum mehr Menschen, die dafür Interesse zeigen. Das Sieb, durch das unsere Erlebnisse fallen, hat größere Maschen bekommen.

[Frank, du hast in der Bundesversammlung Joachim Gauck mit zum Bundespräsidenten gewählt. Wie kam es zu dieser Nominierung als Wahlmann?]

Offensichtlich haben ein paar Menschen in dem Land Baden-Württemberg, in dem ich groß geworden und in das ich nach vierzig Jahren zurückgekehrt bin, sich gefragt, wollen wir den Elstner da nicht mal mitnehmen? Ich bin nicht nach Berlin gegangen, weil ich einer Partei folgte, sondern weil ich neugierig war. Ich wollte wissen, wie funktioniert so etwas, wie ist das Prozedere. Und da habe ich mich sehr gefreut, dass ich einer von denen war, die gefragt worden sind.

Obwohl Frank Elstner einst mit sich selbst gewettet hatte, dass er sich niemals ein Ferienhaus kaufen und ein Buch über sein Leben schreiben würde, hat er jetzt beides: eine Finca auf Mallorca und das Buch *Wetten Spaß – Mein Leben, meine Gäste, meine Shows*. Seit fast zehn Jahren lebt er mit Ehefrau Britta und den beiden Töchtern Enya und Lena wieder in Baden-Baden, reist aber oft und gerne in seine langjährige Heimat Luxemburg.

Legendär sind seine Kenntnisse der dortigen Gastronomie-Szene. Oft stehen Gerichte wie »Porcelet à la Frank« als feste Größe auf den Speisekarten der von ihm bevorzugten Restaurants. Inzwischen weist er sich als Vegetarier aus, wobei er von einer gegrillten Dorade nicht lassen mag.

Sportlich war er schon immer. Alle Jahre wieder versucht er sich an körperlichen Herausforderungen der besonderen Art, fährt mit dem Rad 1000 Kilometer durch England, Irland und an die Côte d'Azur. Auch zu den Klöstern auf dem Berg Athos ist er schon gepilgert. Den Jakobsweg ging er nicht, um spirituelle Erfahrungen zu machen: »Es war die reine Freude daran, einmal meinen Körper herauszufordern«, erinnert er sich. »Und die Frage zu beantworten: Wie geht es einem, wenn man jeden Tag fünfundzwanzig Kilometer mit dreizehn Kilo auf dem Rücken spazieren geht?« Ob er auf seinem Weg nach Santiago de Compostela auch die kleinen und größeren Sünden abgebüßt hat, die sich im Laufe eines langen Lebens so ansammeln, lässt Frank Elstner freilich offen.

Der Herr der Schlager

Dieter »Thomas« Heck wollte nie zu den Privaten wechseln | Über den Zwist mit Regisseur und Redakteuren

Als der Mann eines schönen Tages im Jahre 1964 das Zimmer des Programmdirektors von *Radio Luxemburg* betrat, hieß er noch Dieter Heck. Als er wieder herauskam, hatte er einen weiteren Vornamen: Thomas. Grund für den Wechsel: Es gab bereits einen »Dieter« bei den »fröhlichen Wellen«. Seit diesem Tag gibt es den Dieter Thomas Heck. Er blieb immer ein guter Verkäufer, und am besten verkaufte er sich selbst. Erst verkaufte er Autos, dann als Verlagsangestellter die Schallplatten der anderen, bis er sich selbst als Sänger präsentierte. Obwohl mit einem satten Bariton und einer professionellen Ausbildung vortrefflich ausgestattet, wurde es nichts mit einer Gesangskarriere.

Dafür hatte Dieter Thomas Heck schon mal ein Radiostudio von innen gesehen und auch das Fernsehen war ihm nicht mehr fremd. Zwei Jahre vor dem Mikrofon in der »Villa Louvigny« reichten aus, einen Karrieresprung ins benachbarte Saarland zu wagen. Bei der *Europawelle Saar* etablierte er eine Hitparade mit deutschsprachigen Schlagern und wurde schon bald zum Konkurrenten von Frank Elstner, der in Luxemburg ein ähnliches Unternehmen betreute.

In Saarbrücken tüftelte Heck mit dem Regisseur Truck Branss an einem Konzept, das sich schon bald als Erfolgstory erweisen sollte: die »ZDF-Hitparade«. Zum Liebling der Fernsehkritiker ist Heck jedoch nie so recht geworden. »Jede Geste gerät ihm zu groß, jeder Lacher zu laut, und auch die Souverä-

Höhepunkt ein
Karriere: Diete
Thomas Heck
moderiert die
Show »Melodi
für Millionen«.

nität ist meist demonstrativ und ein klein wenig peinlich«, schrieb der *Spiegel* noch 1995. Heck ignorierte solche Töne und stieg unbeirrt weiter auf der Karriereleiter nach oben. Mit Shows wie »Melodien für Millionen« und »Die goldene Stimmgabel« – oft von ihm auch selbst produziert – wurde er zum erfolgreichen TV-Unternehmer, der schon mal in einem Barockschloss im Schwarzwald residierte, umgeben von einer Art Arche Noah, in der sich neben Pferd und Esel auch Gänse, Hunde und ein paar Hühner versammelt hatten.

[Dieter, was sagt dir der Satz: »Der Bart muss ab!«?]

Es war bei dir in der »Starparade« in Ravensburg, da habe ich mit flatterndem Herzen gesessen und gesagt: »Lieber Herr Holbe, ich habe eine Frage an Ihre Zuschauer. Möchten Sie mich so – und da habe ich die Hand an meinen Bart gehalten – oder möchten Sie mich so?« Und da habe ich die Hand wieder weggenommen. Mit anderen Worten, möchten Sie mich als Moderator der »ZDF-Hitparade« mit oder ohne Bart? Daraufhin kamen Tausende von Zuschriften. Das war schon deshalb sensationell, weil wir ja keine Gewinne für die Aktion vorgesehen hatten. Das Ergebnis: 70.000 Zuschauer waren gegen den Bart. Da habe ich ihn natürlich vor der Premiere abgenommen.

[Das ZDF wird 50 Jahre alt. Was wünschst du dem Jubilar?]

Dass er mindestens 50 weitere Jahre so erfolgreich bleibt. Wir – ich sage immer noch wir, obwohl ich ja gar nicht mehr dabei bin – waren in der Anfangszeit ja unglaublich erfolgreich. Du mit deiner »Starparade«, ich mit der »Hitparade« und mit den darauffolgenden Sendungen. Da stellte sich so ein Wir-Gefühl ein. Ich machte meine erste Sendung am 18. Januar 1969 in Berlin. Wir waren ein erfolgreiches Team. Ob Kamera- oder Tonleute, Garderobieren und Maskenbildner, wir genossen unsere Erfolge gemeinsam.

Vor den Preis haben die Götter bekanntlich den Schweiß gesetzt. In diesem Falle waren es die frühen Fernsehgötter, die sich oft autoritär, streng und selbstherrlich gaben. König im Studio war stets der Regisseur, der entsprechend ehrfürchtig behandelt werden wollte. In der Rolle der grauen Eminenz gefiel sich der Redakteur, hauptamtlich beim ZDF beschäftigt und Herr über Programminhalte und Budgets. Über den legendären Truck Branss hat Dieter Thomas Heck einmal gesagt: »Er war ein Choleriker mit dem Gehabe eines Barockfürsten.« Branss genoss es offensichtlich, den im Fernsehen unbekannten Heck quasi aus dem Hut zu zaubern und dem faszinierten Publikum wie eine Zirkusattraktion vorzuführen.

»Ich habe bei Truck viel gelernt, auch wenn ich mich manchmal über ihn ärgerte«, erinnert sich Dieter Thomas Heck. »Doch im Studio gab es nur einen Herrscher, und das war er. Ich war jemand, der die Ansage machen durfte.« Wenn Heck in den Proben ein Fehler unterlief, donnerte ihn der Barockfürst vor versammelter Mannschaft zusammen. »Das war nicht fair, hatte aber den Effekt, dass ich nicht in Richtung Größenwahn abgehoben bin«, sagt Heck.

[Den legendären Truck Branss hast du anfangs verehrt, um später herauszufinden, dass er auch die eine oder andere Intrige gegen dich gesponnen hat. Wie hast du diese Enttäuschungen verarbeitet?]

Das war nicht ganz einfach, lieber Rainer. Wenn du dann noch erfährst, dass der Mann, der dich entdeckt hat, plötzlich deinen Rauswurf fordert.

[Was war passiert?]

Ich saß im Studio in Saarbrücken und moderierte eine Radiosendung, als mich ein Peter Raschner von *Bild* anrief und sagte: »Sie haben vielleicht Nerven. Das ZDF will Sie rausschmeißen und Sie machen da auf fröhliches Tralala.« Ich dachte, das kann doch nicht wahr sein, und versuchte noch während der Sendung, den Hauptabteilungsleiter »Unterhaltung« in Mainz zu erreichen. Dr. Oepen war in einer Besprechung. »Es ist lebenswichtig«, flehte ich die Sekretärin an. Sie stellte dann doch durch, und ich fragte sofort: »Ist es wahr, dass ihr mich rausschmeißen wollt?« Nach ein paar Sekunden antwortete Oepen: »Dann hat er es also doch gemacht?« Ich fragte: »Wer ist er?«, und war wie vom Kopf gestoßen, als er den Namen Truck Branss erwähnte. Der sei bei ihm gewesen und hätte gefordert, mich zu entlassen.

[Eine astreine Intrige? Was hatte er dir denn vorzuwerfen?]

Ja, Heck singt selbst, textet unter Pseudonym für andere Künstler und er wird von seiner Frau gemanagt. Darin sehe er einen

Interessenkonflikt. Über diese Nebentätigkeiten und das Management von Edda hatte ich das ZDF längst informiert. Oepen sah darin auch keinen Grund, das Arbeitsverhältnis mit mir zu beenden.

[Wie ging die Geschichte aus?]

Raschner hatte inzwischen auch Oepen befragt. Am nächsten Tag stand in der *Bild*: »Heck bleibt. Wenn Branss gehen will, soll er gehen!«

[Ein glatter Punktsieg.]

Ja, aber danach rief mich Trucks Sekretärin an. »Dieter, um Gottes willen, der Truck ist zusammengebrochen. Du hast gesagt, er kann gehen. Er ist fix und fertig, und du musst ihm helfen, ihm wieder Kraft geben.« Natürlich hatte ich nicht gesagt: »Er kann gehen.« Es war ein furchtbares Hin und Her. Obwohl ich ziemlich wütend war, stimmte ich schließlich einer Versöhnung zu. Bei der nächsten Sendung umarmte mich Branss, die Fotografen hatten ihre Bilder und eine neue Geschichte. Als wir später allein waren, sagte Truck: »Siehst du, mein Junge. So macht man Presse!«

[Solche Ereignisse wischt man ja nicht so einfach von seiner Seele. Da bleibt doch immer etwas hängen?]

Obwohl wir danach noch rund 100 Sendungen erfolgreich miteinander machten, war mein Verhältnis zu Truck Branss nicht mehr dasselbe wie früher. Ich hatte ihn verehrt, fast vergöttert. Das war vorbei.

Nach 117 Hitparaden stieg Truck Branss als Regisseur aus und gab den Stab weiter an Pit Weyrich, einen früheren Kameramann und liebenswerten Zeitgenossen. Wie überhaupt die meisten der Regisseure, die nach der Pionierzeit zum ZDF gekommen waren, angenehme Menschen waren. Heck hat Truck Branss zum Abschied 117 Rosenstöcke geschenkt, ziemlich genau zehn Jahre und drei Monate, nachdem die »Hitparade« in Berlin gestartet war. Die Sendung war eine Institution, ein Markenzeichen des ZDF. Trotzdem ist ihr Moderator nach 183 Folgen ausgestiegen. »Es war mir klar, wenn ich da noch zehn Jahre dabei bin, habe ich keine Chance, etwas anderes zu machen«, erklärt er. »Da würde doch jeder sagen: Du hast eine erfolgreiche Sendung, was willst du mehr? Ich wollte aber nicht ein Leben lang der Hitparaden-Mann bleiben.«

Nachfolger im Schlager-Zirkus wurde Viktor Worms. Parallel zur Hitparade war Heck bereits Moderator der »Pyramide«, es folgten Abend-Shows wie »Musik liegt in der Luft«, »Das große Los« und »Melodien für Millionen«.

Mit dem Start des Privatfernsehens wechselten viele Protagonisten die Seiten. Hans-Joachim Kulenkampff versuchte es mit einer Büchersendung bei RTL und scheiterte grandios. Auch Rudi Carrell und Jürgen von der Lippe war der große Triumph bei den Privaten versagt geblieben. Trotz manch verlockender Angebote ist Dieter Thomas Heck dem ZDF treu geblieben. »Wenn ich irgendwo zuhause bin, dann will ich mich auch zuhause fühlen«, erklärt er seine Standfestigkeit. Zu den ZDF-Hauptabteilungsleitern Heinz Oepen, Wolfgang Penk und Peter Gerlach hatte er nach eigener Aussage stets ein ungetrübtes, oft sogar freundschaftliches Verhältnis. Und im Team fühlte er sich aufgehoben.

[Deutsche Texte, deutsche Kompositionen und nicht zuletzt auch deutsche Interpreten, das war die Philosophie der »Hitparade«. Wäre ein solches Konzept heute noch tragfähig?]

Ich glaube, ja. Wir haben es ja nicht wieder versucht, nachdem die Sendung immer weniger Zuschauer hatte und schließlich eingestellt wurde. Natürlich muss man ein solches Konzept immer wieder verbessern, andere Rahmenbedingungen schaffen. Doch die Idee einer Hitparade ist immer noch aktuell. Siehe die Bestsellerlisten bei Büchern. Die sind ja auch eine Art Hitparade.

[Viele der Hitparaden-Stars leben nicht mehr: Rex Gildo, Roy Black, Bernd Clüver. Und von den Überlebenden sind die meisten vergessen. Glorreiche Ausnahme ist Udo Jürgens, der noch auf Tournee geht und vor vollen Sälen auftritt. Hat er alles richtig gemacht?]

Der hat sicher alles richtig gemacht. Das bedeutet harte, immerwährende Arbeit an sich selbst. Udo war sein Leben lang der Künstler, der sich ans Klavier setzte und sofort das Publikum in seinen Bann zog. Er improvisierte auch, parodierte seine eigenen Hits, war witzig in seinen Moderationen. Er ist nie sichtbar abgehoben, ist immer ansprechbar geblieben und war stets kollegial. Natürlich hatte er auch bisweilen seine Spinnereien, die haben wir alle mal.

[Das ZDF wird 2013 fünfzig Jahre alt, Dieter Thomas Heck vollendet am Ende dieses Jubiläumsjahres sein 76. Lebensjahr. War es bisher ein gutes Leben?]

Ich würde alles wieder so machen. Auch die hier geschilderten Konflikte würde ich auf die gleiche Weise lösen wollen. Im Privaten habe ich auch meine Ohrfeigen bekommen. Aber dann habe ich Hildchen kennengelernt, die eine tolle, charmante Frau ist, mit der ich das ganz große Los gezogen habe.

[Du erinnerst dich vielleicht an den Tag, als du Gast bei der Geburtsfeier meiner Tochter Julia gewesen bist, die am 21. Juli 1969 in der Nacht der ersten Mondlandung geboren wurde. Julia ist inzwischen 44 Jahre alt. So viel zum Thema Zeit.]

Das ist unglaublich. Mein Sohn, der Nils, den du auch kennst, ist im vergangenen Jahr fünfzig geworden. Unfassbar.

[Dieter, genieße das Leben.]

Ich mache das. Du aber auch.

Es war ein weiter Weg von dem kleinen Jungen, der in einer Bombennacht in Hamburg verschüttet und erst nach drei Tagen von seiner Mutter ausgegraben werden konnte, bis hin zum Fernsehstar. Schock und Todesangst führten dazu, dass der Fünfjährige das Sprechen verlernt hatte. Dreizehn Jahre lang hat er gestottert. Es ist schon eine Ironie des Schicksals, dass die Sprache fortan sein Leben bestimmen sollte: als Verkäufer, als Sänger, als Radiosprecher, Fernsehmoderator und Schauspieler im »Das Millionenspiel« oder »Praxis Bülowbogen«. Zum Abschied widmeten ihm die Mainzer eine große Abschiedsgala. Weggefährten aus den guten alten Fernsehzeiten erinnerten sich gemeinsam mit ihm an eine Epoche, als »Quote« noch ein Fremdwort war.

Tochter Saskia, die Söhne Rolf Nils und Thomas Kim sind längst in die Selbständigkeit entlassen. Und Ehefrau Ragnhild (»Hildchen!«) ist von schwerer Krankheit genesen. Die dreifachen Großeltern leben abwechselnd in ihrer Ferienwohnung am Vierwaldstättersee und in Spanien. Seine Steuern zahlt Dieter in Berlin.

Der Letzte aus einer versunkenen Welt

Begegnung mit dem Journalisten Wolf von Lojewski | Und eine Kindheit in Ostpreußen

Hinter ihm liegt ein reiches Journalistenleben, ob als Korrespondent in Washington und London oder als Bildschirmgesicht der frühen »Tagesthemen«. Wolf von Lojewski ist – körperlich gesehen – nicht von gewaltiger Statur. Mit seinen 1,70 Metern wirkt er eher zierlich, jungenhaft, zumal auch der dunkelbraune Schopf nur zögernd von grauen Strähnen durchzogen wird. Und doch fällt er sofort auf, wenn er den Raum betritt. Nicht nur wegen seines vertrauten Bildschirmgesichts. Eine Binsenweisheit ist es wohl, dass Moderatoren von der Art eines Wolf von Lojewski stets mit einer gehörigen Portion Charisma ausgestattet sein sollten, jener faszinierenden Anziehungs- und Strahlkraft, die sie für andere Menschen so attraktiv und einflussreich machen. Mit dieser Aura wird man geboren, doch ist es stets auch eine Veranlagung, die erschlossen und genutzt werden muss. Es ist seine unvergleichliche Art, zu sprechen und mit der Sprache umzugehen, die sich eingeprägt hat. Klang verändert Welten; es gibt einen engen Zusammenhang zwischen Stimme und Persönlichkeit.

Ob im Fernsehen oder im Buch: Er hat diesen intelligenten Witz der Angelsachsen, die ihre Person beim Erzählen kunstvoll zurückzunehmen wissen, um sie gleich darauf umso präsenter einzubringen. »Je weiter die Erinnerungen zurückreichen, desto intensiver sind sie«, sagt Lojewski. Und gefragt, was sein Leben beeindruckt, gequält, bedrückt habe, nennt er die Kindheit in Ostpreußen, die Flucht vor den Russen, das Dasein als junger Flüchtling im Norden des vom Krieg geschundenen Deutschland. Die Abenteuer in den Trümmern zerbombter Häuser, die zerfledderten Groschenhefte mit den Erzählungen von Tom Prox und Bill Jenkins und die Sehnsüchte der Eltern nach der verlorenen Heimat.

Wenn man ein ähnliches Geburtsjahr im Pass stehen hat und das Zuhause im Osten liegt, finden sich bemerkenswerte Gemeinsamkeiten in den dann doch wieder ganz unterschiedlichen Lebensläufen. Wolf von Lojewski berührt, wenn er ganz privat wird. Und ist ganz verletzbares Kind, das im mit Flüchtlingen überrollten Danzig plötzlich Mutter und Tante aus den Augen verliert. Fast schon sitzt es wieder allein im Zug nach Osten, als das Wunder geschieht. Der weinende kleine Junge stürzt schluchzend in die Arme seiner verzweifelten Mutter: »Das Glück schwebte über uns beiden!«

In seinem Buch *Live dabei* hat er das alles aufgeschrieben. Es ist eine Liebeserklärung an den »schönsten Beruf der Welt«, den des Journalisten: »Nie hat mich die Frage von Überstunden interessiert. Ich arbeitete ja nicht für den Verleger oder für einen Sender, sondern weil ich Spaß daran hatte. Der Journalistenberuf ist eine Form zu leben.« Die wichtigste Frage an den lebenslangen Globetrotter bleibt nicht ungestellt. Was er denn nun wirklich sei: 1937 in Berlin geboren, doch gleichwohl in Hongkong wie in Washington zu- hause? Die Antwort steht auch in seinem Buch: »Ich bin ein Ostpreuße! Einer der letzten aus einer versunkenen Welt!«

Unser Gespräch führen wir beim Mittagessen, ganz familiär und im kleinen Kreis. Es gibt marinierten Ziegenkäse mit gebackenen Kürbisscheiben und Seeteufelfilet auf Kartoffelpuffer mit Lauchgemüse. Dazu einen sehr kühlen Luxemburger Rivaner »Schwebsange Hehberg«.

Wenn man ein ähnliches Geburtsjahr im Pass stehen hat, lässt es sich leichter Freundschaft schließen. Wolf von Lojewski (links) und Autor Rainer Holbe.

[Wolf, du kamst gerade als Washington-Korrespondent für die ARD von einer Amerika-Rundreise zurück, als das Telefon klingelte. Chefredakteur Klaus Bresser vom ZDF war am Telefon und machte dir ein Angebot. Wie war das genau?]

Das Angebot war sehr kurz, denn wir waren vorher schon immer im Gespräch. Ich hatte nicht die Idee, von der ARD zum ZDF zu desertieren, sondern von der ARD zum »heute journal«. Eine Rolle dabei spielte Dieter Kronzucker, mit dem ich in Hamburg den »Weltspiegel« gemacht habe. Eine wunderschöne Zeit, doch eines Tages ging uns Dieter verloren, weil das ZDF ihn brauchte. Er hat dort das »heute journal« aufgebaut. Ich moderierte zu dieser Zeit die »Tagesthemen«, eine tolle Sendung. Doch da gab es neben anderen Vorzügen sechs oder sieben Chefredakteure und noch mal so viele Programmdirektoren. Die sind dem Journalisten natürlich eine große Hilfe, aber manchmal wird das auch ein bisschen viel. Deshalb fand ich es faszinierend, eine eigene Sendung zu gestalten, nur mit den Kollegen und nur einem Chefredakteur. Ich wollte also immer zum »heute journal«, und Klaus Bresser – der auch gleichzeitig der Direktor war – wollte mich da auch, doch es gab zwischendurch Lösungen, die waren ein bisschen kompliziert. Als er dann von seinem Autotelefon aus anrief, sagte er nur: »Jetzt!«

[In Mainz hat dich der Intendant Dieter Stolte in seinem Büro im 14. Stock empfangen, mit einer wunderbaren Aussicht auf die Rheinebene. Hattest du da das Gefühl, angekommen zu sein?]

Na ja, ich war auf jeden Fall beeindruckt. Wir gingen auf dem Balkon hin und her und Dieter Stolte deutete in die Ferne und sagte: Das alles gehört zu uns. Es war nicht nur eine Sendeanstalt, das war ein kleines Königreich.

[Das Leben als Nachrichtenmoderator und Chef einer Redaktion ist anders strukturiert als das weitaus freiere Korrespondenten-Dasein. Feste Arbeitszeiten, feste Schlusstermine. War die Umstellung groß?]

Nein, ich hatte mich ja darauf gefreut, und durch meine Arbeit bei den »Tagesthemen« kannte ich die Abläufe. Es hat durchaus seinen Reiz, die Welt am Band zu haben und mit den Kollegen in der freien Wildbahn zu telefonieren, sich abzusprechen, Themen festzulegen. Und das mit den festen Arbeitszeiten ist auch geregelt: Wenn Sendebeginn ist, solltest du im Studio sein. Aber wenn ich dann mal den Eindruck hatte, ich müsse mich mal zwei oder drei Tage ausklinken, dann ging das auch.

[Wie geht man in einer Nachrichtenredaktion eigentlich mit der Zeit-Differenz um? Während der Morgen-Konferenzen liegen die Auslandskorrespondenten in Süd- und Nordamerika doch noch im tiefsten Schlummer?]

Ja, und in Südostasien geht man auch schon wieder ins Bett. Das ist inzwischen so geregelt, dass Auslandsplaner, die genau wissen, wer wann aufsteht und wer wann schläft, mit den Korrespondenten zu bestimmten Zeiten telefonieren und ihnen sagen, was die verschiedenen Redaktionen so für Ideen haben. Als ich in Washington war, bekam ich zum Beispiel nachts um drei einen Anruf von einem Radiosender mit der Frage, ob man mich zwei Stunden später – also um vier oder fünf Uhr – anrufen könne. Da wird man natürlich stinksauer und sagt das, was Götz von Berlichingen den kaiserlichen Truppen zugerufen hat.

In *Live dabei* beschreibt Wolf von Lojewski dezent die Konflikte, die er als junger Reporter beim Dienstantritt im ARD-Studio Washington mit seinem Vorgesetzten hatte. Klaus Bölling war der Star im Medienzirkus jener Tage. Lojewski beschreibt den späteren Kanzlerberater und Regierungssprecher als »eine vornehme, feinnervige Erscheinung«. Und: »Dass wir beide uns – bei all seinen glänzenden Eigenschaften – schon bald in die Haare gerieten, kann somit nur an mir gelegen haben.« Trotz aller Anfangsschwierigkeiten, Auslandskorrespondent zu sein, ist es für ehrgeizige Redakteure in der Zentralredaktion mehr als ein erstrebenswertes Ziel. Es ist einfach ein Traumjob.

Für Talente ist gerade das »heute journal« eine Art Durchlauferhitzer. Hier muss man wieder einen Unterschied machen zwischen der ARD und dem ZDF. Bei der ARD ist die Welt aufgeteilt, sowohl die Kontinente wie die Bundesländer. In jedem Bundesland gibt es einen Sender, der für sein Gebiet und für dieses oder jenes Auslandsstudio zuständig ist. Eine zentrale Anstalt muss die ganze Welt im Auge behalten, und wenn jemand im »heute journal« auf sich aufmerksam gemacht hat, der oder die wird dann schon mal angesprochen mit einer Frage wie: »Könntest du dir vorstellen, nach Brasilien zu gehen?«

[Deine Moderationen glänzten durch eine besondere Wahl der Sprache unter Vermeidung aller Klischees, die man immer so zu hören bekommt. Wie erreicht man diese Qualität?]

(lacht) Ehrlich gesagt, ich habe keine Ahnung, ob meine Moderationen von besonderer Qualität waren. Als ich die erste Woche hinter mir hatte, schrieb die *Süddeutsche Zeitung* einen Artikel unter der Überschrift »Die Rätsel der Lojewski-Schleifen«. Die Kollegen waren offenbar verblüfft, wohin meine Moderationen führten. Die fingen zum Beispiel mit allgemeinen Betrachtungen über den Sinn des Lebens an und landeten plötzlich bei der FDP. Sagen wir mal so: Klaus Bresser, der sich ja etwas dabei gedacht haben muss, als er mich zum »heute journal« holte, hatte wohl die Idee, dass da auch mal einer hin sollte, der das Geschehen auf seine Art und Weise interpretiert und nicht nur das übliche Relevante verkündigt.

[Höhepunkt in deinem Korrespondentenleben war zweifellos dein zweimaliger Aufenthalt in Washington. Du hast über die Watergate-Affäre berichtet, aber auch Ronald Reagan im Weißen Haus befragt. Wird man da vom Beobachter nicht auch ein wenig zum Teil der Geschichte?]

Im Prinzip nicht. Natürlich gibt es Politiker, die man mehr schätzt als andere. Zugegeben, Ronald Reagan habe ich als Person gemocht, er war so etwas wie ein Kumpel-Typ. Aber dass es nun auch mein Verdienst sein könnte, dass er mit Herrn Gorbatschow den Kalten Krieg beendet hat oder dass ich Mitschuld trage an der Iran-Contra-Affäre, das will ich mal lieber nicht behaupten. In den elf Jahren im »heute journal« habe ich nie vertraulichen Kontakt zu Politikern gesucht, sie waren mir einfach zugeschaltet in der Sendung. Ich habe mich nie als ein Mit-Täter oder Kumpel der Politik empfunden.

[Du lebst jetzt fast zehn Jahre lang das Leben eines Pensionärs. Vermisst du manchmal die Arbeit im ZDF-Studio?]

Nicht zwingend. Wenn man das so lange gemacht hat, wäre es undankbar zu meinen, ohne mich geht es nicht weiter. Ich habe vielleicht in den ersten drei, vier Tagen gelegentlich den Reflex gehabt, nach der Sendung den Schlussredakteur anzurufen, um Lob oder Tadel auszusprechen. Ich habe es dann aber im letzten Augenblick doch noch geschafft, den Hörer wieder aufzulegen.

[Die Regeln schreiben vor, dass hauptamtliche Mitarbeiter der öffentlich-rechtlichen Anstalten mit 65 Jahren in Pension zu gehen haben …]

… bei mir waren es 65 ½.

[In diesem Alter wird man doch erst richtig gut, hat man Lebenserfahrung und die nötige Gelassenheit vor der Kamera. Sollten diese starren Regeln nicht aufgebrochen werden?]

Ja natürlich, das sollten sie schon. Aber ich muss eines sagen – und ich sage das nicht, weil ich elf Jahre das »heute journal« moderiert habe –, Journalismus lebt auch vom Wechsel. Und davon, dass auch ein noch so guter Amerika- oder Asien-Korrespondent einmal abgelöst werden muss, weil er – um es mal so auszudrücken – inzwischen schon »zu viel davon versteht«. Viele Themen sieht er dann gar nicht mehr. Mir ist es zum Beispiel nach zehn Jahren in Amerika so gegangen, dass wieder einmal ein Redakteur anrief und vorschlug, doch mal was über die »homeless people« zu machen, also über jene Menschen, die nachts mit der Plastiktüte durch die Straßen irren. Dann hast du das schon 47-mal gemacht und keine Lust mehr, immer wieder zu erklären, was das Besondere an einem solchen Phänomen in einem reichen Land wie Amerika ist. Da ist es schon ganz gut, wenn einmal ein Neuer oder eine Neue kommt, die dieses Thema völlig neu entdecken.

Bei mir war es ja so, dass ich etwa alle fünf Jahre zusammen mit meiner Ute das Land gewechselt und was völlig Neues gemacht habe. Also, dieser Wechsel ist Teil des Journalisten-Berufs und macht ihn auch so spannend. Sollte einer schon mit 22 Jahren so talentiert sein, das »heute journal« zu moderieren, um mit 65 aus dem Studio zu gehen – der arme Kerl täte mir leid.

Längst ist Wolf von Lojewski vom Chef einer Nachrichtensendung zum bloßen Zuschauer mutiert, der sich vor allem mit dem »heute journal« und den »Tagesthemen« zufriedengibt. Aber auch gute Dokumentationen bei der ARD und im ZDF haben es ihm angetan. »Ich sehe auch gerne die ›heute-show‹ und leider viel zu viele Krimis«, gesteht er. »Ich müsste mich da mal neuen Horizonten zuwenden, denn inzwischen ist es mir völlig egal, wer eigentlich der Mörder war.« Wolf bleibt nur dabei, weil um 20.15 Uhr auf den anderen Kanälen meist nur gequizzt und geschunkelt wird. »Aber um 21.45 mit dem ›heute journal‹ und danach gibt es günstige Alternativen«, lächelt er.

[Vor allem ältere Zuschauer fühlen sich bei den Nachrichtensendungen durch die ständigen Hinweise auf mehr Informationen bei den online-Kollegen genervt. Oft haben sie gar keine Möglichkeit, ins Internet zu gehen. Du hast derartige Hinweise selten gemacht. Was war der Grund?]

Wenn einer gerade das »heute journal« sieht, warum soll ich den ins Internet verjagen? In dieser Beziehung war ich wohl einer der letzten Dinosaurier. Natürlich ging ich davon aus, dass alles, was das ZDF tut und treibt, gut und wichtig ist. Aber das Allerwichtigste war mir immer das »heute journal«. Das sahen viele Kolleginnen und Kollegen in den anderen Redaktionen natürlich nicht so, weil man den Stab gerne weitergibt und die meisten Bilder immer wieder neu verarbeitet. Meiner Meinung nach war es der Auftrag des »heute journal«, den Fragen des Tages einen etwas originelleren Aspekt abzugewinnen als das, was man schon die ganze Zeit gesehen hat. Und so habe ich dann wohl – trotz strengster Ermahnung des Chefredakteurs – den Hinweis auf das Internet halt vergessen.

[In deinem Buch *Live dabei* ist dir über die Seelenlage eines Ruheständlers und Journalisten folgender Vergleich eingefallen: »Ich sei wie ein Eskimo, dem der ehrenvolle Ruf ins Fischerei-Ministerium zuteilgeworden ist. Dort sitze er nun und entwerfe Richtlinien für korrektes Angeln. Sein ganzes Dorf sei natürlich stolz auf ihn. Nur hin und wieder träume er davon, einmal selbst wieder am großen Wasser zu sitzen und einfach die Angel auszuwerfen.« Ist dies auch dein Traum?]

Das war auch mein Traum. Und ich bin dem ZDF dankbar, dass es nach meiner Zeit beim »heute journal« hieß, jetzt kann der Eskimo wieder die Angel auswerfen, und man hat mich mit einem Kamerateam nach Australien, ins südliche Afrika und nach Spitzbergen geschickt. Ein besonderer Glücksfall war, als mich einer von der Seite ansprach und fragte: Wie wäre es denn mal mit einer Reise nach Masuren? Da habe ich den Ruf meiner Eltern gehört: »Vergiss nicht, das ist deine Heimat!« Und sofort war mir klar: Da musst du mal wieder hin! So konnte der Eskimo wieder seine Angel auswerfen.

Schaute er auf sein Journalistenleben zurück, so sei dies eine Art Surfen gewesen, eines seiner liebsten sportlichen Betätigungen, sagt Wolf von Lojewski. Und natürlich sei auch das Glück immer auf seiner Seite gewesen. »Im richtigen Augenblick ein günstiger Wind«, schreibt er im Buch. »Ein neuer Tag, eine neue Sendung.« Und am Ende die Erkenntnis seines alten Griechisch-Lehrers, »dass wir zum wirklich Wichtigen leider immer noch nicht vorgedrungen sind.«

Vom »Goldenen Schuss« zu »Wünsch Dir was«

Der ZDF-Unterhaltungsdampfer in schwerer See | Mit Wolfgang Rademann kam der Erlöser

»Berlin Melodie« hieß die allererste Unterhaltungssendung, die an jenem legendären 1. April 1963 – gleich nach Goethes »Vorspiel auf dem Theater« – ausgestrahlt wurde: Kesse Ohrwürmer, das ein oder andere Tänzchen, Schabernack halt, der in diese Zeit passte. Intendant Karl Holzamer sah die Unterhaltung als eine Art Volksbelustigung, Brot und Spiele der modernen Art. Unzählige Shows, Revuen, bunte Abende und Nachmittage sollten folgen, Männer wie Peter Frankenfeld und Lou van Burg arrivierten zu Publikumslieblingen. Für den »Goldenen Schuss« sollte es allerdings bald vorbei sein. Der holländische Showmaster hatte sich den Luxus einer Zweitfrau erlaubt, die Presse bekam davon Wind, und der Intendant war nicht amüsiert. Karl Holzamer feuerte Lou van Burg.

»Der Vorgang ereignete sich in einer Phase, in der man mit den Leistungen von Lou van Burg nicht zufrieden war und ohnehin vorhatte, sich von ihm zu trennen«, erinnert sich Dieter Stolte. »Dann wurde diese außereheliche Beziehung bekannt, die man zum Anlass nahm, den Vertrag mit Lou van Burg aufzulösen. Ich war damals Planungschef und habe das Vorgehen intern kritisiert, weil ich es für redlicher gehalten hätte, die Gründe zu nennen, warum man mit der sachlichen Arbeit van Burgs nicht mehr zufrieden war. Das wäre professioneller gewesen. Man hat sich aber nicht darauf bezogen, sondern moralische

Argumente bevorzugt. Ich habe das für einen Fehler gehalten und halte auch heute noch diese Art von Ersatzbegründungen für falsch.«

Für Lou van Burg trat Vico Torriani aufs Moderatoren-Parkett, nicht gerade die Idealbesetzung. Als Sänger, Koch und Entertainer war der Schweizer populär geworden, hatte er fleißig Texte auswendig gelernt und Auftritte einstudiert. Schlagfertigkeit war seine Sache nicht.

Auch Otto Höpfner hatte auf das falsche Pferd gesetzt, als er wegen Meinungsverschiedenheiten um das Honorar seine Rolle als Wirt des »Blauen Bock« bei der ARD aufgab, um beim ZDF anzuheuern. Die der frühen Äppelwoi-Seligkeit nachempfundene Sendung »Stelldichein beim Wein« floppte. Nach nur 13 Folgen gab das ZDF auf. Ein aus der Not geborenes Verkehrsquiz fand kaum Zuschauer, so dass Höpfners Abwanderung zum ZDF in einem Desaster endete und schließlich seine Karriere beendete.

»Bei den Mainzern wird auch nur mit Wasser gekocht«, hieß es schon bald in der Branche. Leute wie Hans-Joachim Kulen-

Weltstars beim »Goldenen Schuss«: Gina Lollobrigida an der Armbrust – Kimme, Korn, Schuss!

kampff und Heinz Schenk blieben deshalb gerne dort, wo sie waren: bei der ARD, in diesen beiden Fällen beim *Hessischen Rundfunk*, dessen Programmdirektor Hans-Otto Grünefeldt ein Händchen für erfolgreiche Fernsehunterhaltung hatte.

Bei den Mainzern setzte man erfolgreich auf ein journalistisches Format. Carlheinz Hollmann und Karin von Faber meldeten sich mit dem Unterhaltungsmagazin »Schaufenster« live von verschiedenen Plätzen in Deutschland. Peter Frankenfeld etablierte mit »Vergissmeinnicht« eine Show um Postleitzahlen, und als eine Art Vorläufer des großen Peter Alexander bemühte sich der Wiener Operettenstar Peter Garden in der »Garden-Party« redlich, aber vergeblich um die Gunst des Publikums.

1968 startete ich mit James Last in Siegen die Show »Starparade« mit mir selbst sowie mit James Last – damals noch in Schwarz-Weiß. Wenig später trat Dieter Thomas Heck mit der »Hitparade« an. Ein Glücksfall für den Sender war das Zusammentreffen des damaligen Unterhaltungschefs Peter Gerlach mit dem Berliner Produzenten Wolfgang Rademann. »Er ist der fantasievolle Impresario von Unterhaltungsprogrammen der verschiedensten Art«, weiß Exintendant Dieter Stolte. Und lobt ihn als Erfinder von Serien wie die »Schwarzwaldklinik«, das »Traumschiff«, Specials wie »Eine Frau bleibt eine Frau« mit Lilli Palmer oder der Personality-Shows mit Peter Alexander und Wencke Myhre, ganz zu schweigen von Dauerbrennern wie »Anneliese Rothenberger gibt sich die Ehre«. Zusammen mit Peter Gerlach hat Rademann den ZDF-Unterhaltungsdampfer vom Stapel gelassen, von dem als Ableger das »Traumschiff« noch immer über die Meere kreuzt.

Lange vor »Wetten, dass..?« aber ging eine Show ins Rennen, die alles andere als brav und angepasst daherkam. Gemeinsam mit dem Österreichischen- und dem Schweizer-Fernsehen produzierten die Mainzer »Wünsch Dir was«, moderiert von dem

TV-Produzent Wolfgang Rademann (vorn, 2. v. r.) mit seiner Crew auf dem »Traumschiff« (vorn, v. l. n. r.): Hans-Jürgen Tögel (Regisseur), Harald Schmidt, Heide Keller, Inka Bause; (hinten, v. l. n. r.): Siegfried Rauch und Nick Wilder.

Ein Solitär der ZDF-Unterhaltu[ng:]
Der Wiener Peter Alexander erreichte mit seiner Personali[ty-]
Show Rekordquoten.

Schauspieler Dietmar Schönherr und seiner Frau, der bildschönen dänischen Sängerin Vivi Bach.

In jener Sendung galt es, Übereinstimmungen im Leben dreier Familien festzustellen, aber auch bisher Ungesagtes ans Licht zu fördern. Zum ersten Mal wurde das deutschsprachige Publikum in einer Unterhaltungssendung beispielsweise mit Themen wie Scheidung, Homosexualität und Rassismus konfrontiert. Dreißig Millionen Menschen erlebten den Auftritt der siebzehnjährigen Leonie Stöhr in ihrer transparenten Bluse, sahen, wie eine der teilnehmenden Familien in ihrem Auto unter Wasser befreit werden musste, weil eine Tür klemmte. Der Maler Friedensreich Hundertwasser stellte seine Theorie der anthropomorphen Formen im Wohnungsbau ebenso vor wie die Schriftstellerin Esther Vilar ihr Buch *Der dressierte Mann*, in dem sie ihre Geschlechtsgenossinnen wüst beschimpfte.

Das Publikum pöbelte zurück, jedenfalls ein paar wenige. Es kam zu Morddrohungen gegen das Moderatorenpaar, mehr als einmal wurde die Wiesbadener Rhein-Main-Halle wegen Bombenalarm weiträumig abgesperrt. Trotz aller Nervosität behielten die Macher die Nerven und sagten keine der geplanten Sendungen ab, wie es die anonymen Anrufer gefordert hatten.

Federführend bei der Gestaltung von »Wünsch Dir was« war das ORF mit seinem damaligen Programmdirektor und späteren Wiener Bürgermeister Helmut Zilk. Mit seinem Team versuchte er Spiele durchzusetzen, die seine Mainzer Kollegen vorher strikt abgelehnt hatten.

Einen Disput gab es, als zwei Schauspieler – als Maria und Josef kostümiert – kurz vor Weihnachten bei den teilnehmenden Familien klingeln und um einen Platz in der Herberge bitten sollten – eine moderne Fassung des entsprechenden Kapitels aus der Bibel. Die Szene wurde schließlich aufgezeichnet und gesendet.

Ein modernes,
gleichberechti
und attraktives
paar: Vivi Bach
Dietmar Schön
moderierten di
Show »Wünsc
Dir was«.

Als das österreichische Redaktionsteam, dem unter anderem der Schweizer Ratefuchs Guido Baumann und der Tausendsassa André Heller angehörten, einen Schießwettbewerb auf die Porträts der teilnehmenden Kandidaten-Kinder vorschlug, soll es zum Eklat zwischen Wien und Mainz gekommen sein. Schließlich wurde nicht geschossen ...

Dietmar Schönherr und seine Vivi hatten die Sendung fest im Griff, da gab es keine platten Witze, keine auswendig gelernten Pointen, höchstens mal ein paar zornige Bemerkungen über Gott und die Welt. »Ein modernes, gleichberechtigtes und attraktives Ehepaar, Vorboten des gesellschaftlichen Fortschritts der siebziger Jahre«, beschrieb sie *Der Spiegel.*

Gelobt vom linken Zentralorgan *Konkret* und mit der »Goldenen Kamera« von *Hör zu* bedacht, blieb »Wünsch Dir was« trotzdem kein langes Leben beschert. Als Schönherr bei seinem Auftritt einen Tag vor der Wahl in Österreich eine rote Nelke im Knopfloch trug, schwappte die Empörungswelle bis hinein auch in deutsche Wohnstuben. Zuschauer sahen in der harmlosen Blume eine offen zur Schau gestellte Sympathieerklärung für die »Sozialdemokratische Partei Österreichs«. Noch während der Sendung warf Schönherr die Blume wütend auf den Boden.

Ein paar Tage später verkündete ORF-Direktor Helmut Zilk in einem Brief an die Schönherrs das Ende der Show. Offiziell wegen »Abnutzungserscheinungen«, so der verantwortliche Sender. Nach drei Jahren und 24 Sendungen war 1972 Schluss. Fernsehkritiker vermuteten nicht ohne Grund, dass die Unterhaltungschefs des deutschsprachigen Fernsehens ihr Programm nach zahlreichen Zuschauerprotesten wieder in ein ruhigeres Fahrwasser steuern wollten.

»Meine Hauptsünde ist der Zorn«

Der Schauspieler und Autor Dietmar Schönherr schrieb Fernsehgeschichte | Provokation als Chance

Wir treffen uns in einem Restaurant am Hafen von Ibiza. Dietmar Schönherr ist mit dem Jeep von seiner Finca ins Zentrum gefahren. In den Wintermonaten lebt er mit Ehefrau Vivi im Gassengewirr der Altstadt. Vor siebzehn Jahren schon sind sie aus dem schweizerischen Schaffhausen hierher gezogen.

Dietmar Schönherr war nie ein Unterhalter im Sinne von Kulenkampff oder Carrell. »Meine Chance war die Provokation«, erinnert er sich. In seiner ARD-Talkshow »Je später der Abend« – übrigens der ersten Talkrunde überhaupt im deutschen Fernsehen – konnten schon mal die Fetzen fliegen. Noch heute ist er der Meinung: »Unterhaltung ohne Politik ist Verblödung«.

Dietmar Schönherr ist nicht der typische ZDF-Mann, treu und seinem Sender auf Lebenszeit ergeben. Doch mit »Wünsch Dir was« haben er und seine Frau Vivi Bach die berühmten Meilensteine im Programm der Mainzer gesetzt, gelten sie zu Recht als Pioniere der gesellschaftskritischen TV-Unterhaltung.

Aber auch in anderen Sendungen sorgte Dietmar Schönherr für Unruhe. So las er beispielsweise einmal bei der Verleihung der »Goldenen Kamera« die Namen von zwölf Künstlern vor, die während der Nazi-Zeit umgebracht worden waren. Damit wollte er klar in der von Martin Walser zuvor angestoßenen Auschwitz-

Debatte Stellung beziehen. Schönherr engagierte sich in der Friedensbewegung, kettete sich zusammen mit anderen Prominenten wie dem Schriftsteller Heinrich Böll und der Schauspielerin Barbara Rütting vor dem US-Stützpunkt in Mutlangen an und bewährte sich in lebensgefährlichen Hilfseinsätzen in Nicaragua.

Als Schönherr um die siebzig Jahre alt war, orakelte er: »Ich werde mal ein Kauz und lasse mir die Haare nicht mehr schneiden.« Inzwischen geht er stramm auf die neunzig zu und schmückt sich mit einem Bart. Das einstmals schwarze Haupthaar ist schlohweiß geworden. Ein Kauz ist Schönherr nicht. Wach und kritisch verfolgt er das Weltgeschehen, nur einmischen will er sich nicht mehr.

Gern spricht er über sein bewegtes Leben, von der Kindheit in Innsbruck, den Erfahrungen des Krieges und den Stationen seiner Karriere bis hin zum Engagement in der Friedensbewegung. Zehn Bücher hat er geschrieben, darunter *Sternloser Himmel*, eine autobiografische Geschichte. Für den Roman *Die blutroten Tomaten der Rosalia Morales* ist er vom Feuilleton gelobt worden. Trotzdem räsoniert er darüber, dass er als Autor nicht so angesehen ist wie als Schauspieler. Für Anekdoten aus seinem Leben fühlt er sich nicht zuständig. »Schönherr ist ein feiner Herr, ein Geist der alten Schule«, schreibt *Der Spiegel*.

Dietmar Schönherr (links) gehörte zum Ensemble des Züricher Schauspielhauses, jetzt lebt er mit Ehefrau Vivi auf Ibiza. Dort traf ihn Rainer Holbe.

»Selbst wenn es irgendwelche Klatschgeschichten geben sollte, er würde nie darüber ein Wort verlieren.«

In Ibiza lebt er »des Lichtes wegen«. Es ist sein Alterssitz, aber über das Alter redet er wenig. Er wirkt vital, spielt in Fernsehfilmen den Sigmund Freud und hat ein Kinderbuch beendet. Dietmar Schönherr ist milder geworden, aber nicht bequemer.

»Meine Hauptsünde ist der Zorn«, sagt er. Schon als Zehnjähriger bekannte er sich dazu. Später kostete ihn sein »heiliger Zorn« den Job als Moderator einer Schweizer Talkshow, in der er den amerikanischen Präsidenten Reagan beschimpft hatte.

In Zürich gehörte er über Jahre zum festen Ensemble des Schauspielhauses. »Ich hätte längst Schweizer sein können«, sinniert er. Doch er hat seinen österreichischen Pass behalten. Eigentlich heißt er ja auch »Dietmar Edler von Schönleiten«. Sein Vater war General und er selbst hat unter dessen Kommando als junger Soldat gedient. Eine aberwitzige Situation, die er in seiner Biografie beschreibt. Für die Chronisten des deutschen Fernsehens bleibt Schönherr vor allem der Mann von »Wünsch Dir was«, dem von 1969 bis 1972 ausgestrahlten Familienspiel, das alte Zöpfe abschneiden sollte; doch damit wurde es für die Moderatoren gefährlich. Oft trug Schönherr eine kugelsichere Weste unter dem Smoking. »Ich schlief mit einem Gewehr unter dem Bett, obwohl ich Waffen ablehne«, erzählte er einer Kölner Zeitung.

Als ich Vivi und Dietmar einmal nach einer Sendung in der Wiesbadener Rhein-Main-Halle in ihrer Garderobe besuchte, wartete draußen ein wütender Mob. Vivi weinte, Dietmar war fassungslos. Erst spät in der Hotelbar beruhigten sich die beiden. »Vivi hat sich vor den Zuschauern oft regelrecht gefürchtet«, erinnert sich Schönherr. »Diese Angst nahm fast klaustrophobische Züge an.«

Dietmar Schönherr war nicht nur der Mann für die große Fernsehmanege. Als Freund des nicaraguanischen Priesters, Dichters, Revolutionärs und Kulturministers Ernesto Cardenal sammelte er Spenden und errichtete mit Freunden in unwegsamer Gegend das Kulturzentrum *Casa de los Tres Mundos*, zu dem eine Musik- und Malschule, eine Bücherei und ein Sprachinstitut gehören. Ein unschätzbares Geschenk für die Armen: die Chance auf Bildung. »Manchmal macht es mich traurig, dass ich mich nicht schon früher für dieses arme Land eingesetzt habe«, sagt er.

Klar, dass wir an diesem Abend auf Ibiza auch von alten Zeiten sprechen. Von gemeinsamen Bekannten, von Helmut Zilk, dem ORF-Programmdirektor, dem er vergeben hat. Von James Dean, dessen deutsche Stimme er war. Und natürlich von Commander McLane, der in seinem »Raumschiff Orion« noch hin und wieder durch die Programmkinos kurvt und sich nach einem Dasein in den Weiten des Universums sehnt. Dietmar erinnert sich, wie wir in unserem Haus in Luxemburg vor dem Kaminfeuer saßen und er seiner Vivi einen Ring geschenkt hat – zur »Silbernen Hochzeit«. Er raucht weiter ungeniert, trinkt auch das ein oder andere Glas. Auf sein langes Leben angesprochen, antwortet er lapidar: »Ich habe mir Mühe gegeben. Mehr war nicht drin.«

Maskenbildner sind Seelentröster

Von Menschen vor und hinter der Kamera | Ein Sommerfest auf dem Lerchenberg

Einmal im Jahr greift der Intendant des ZDF – oder wer auch immer – tief in die Taschen und lädt zum Sommerfest auf den Lerchenberg. Der Fernsehgarten ist für dieses Fest wie geschaffen. Um einen künstlichen See sind Stände und Pavillons aufgebaut, es gibt Musik und Tanz, Bier und Wein. Der Betriebsratsvorsitzende hält eine Rede, und auch der Intendant findet warme Worte.

Frank Tilk – ein in Ehren ergrauter Kameramann – hatte die Idee, bei dieser Gelegenheit einen »Starparade«-Stammtisch zu installieren. Es war wunderbar. Aus allen Weltgegenden eilten die Veteranen herbei, verließen ihre Ferienhäuser in Spanien oder ihr Appartement am Tegernsee. Nach dreißig Jahren saßen wir wieder einmal zusammen, so wie früher in den Drehpausen oder nach der Generalprobe: Barbara Hein, die Bildmischerin, Manfred Schebsdat und Horst Eppinger von der Technik, Pit Weyrich, der jetzt selbst das Regie-Zepter schwingt.

Für mich stehen sie stellvertretend für all jene unzähligen Mitarbeiter des ZDF, die in den vergangenen 50 Jahren angetreten sind, die Fernsehwelt noch ein bisschen bunter und abwechslungsreicher zu machen.

Ohne die Masken-, Kostüm- und Bühnenbildner, die Kameraleute und Bildmischer, Beleuchter, Aufnahmeleiter und Garderobieren hätte es weder einen Thomas Gottschalk noch einen Wim Thoelke gegeben und auch nicht die Fernsehkommissare Erik Ode und Horst Tappert.

Dreißig Jahre sind eine lange Zeit, und das Leben des Menschen ist von beschränkter Dauer. An jenem Sommertag auf dem Lerchenberg haben wir auch über all jene Kollegen gesprochen, die es nur noch in unserer Erinnerung gibt: Darunter der wunderbare Pit Kulbach, der jede triste Halle mit seinen Lichteinfällen in einen Feenpalast verwandelte. Eva-Maria Schröder stattete als Kostümbildnerin nicht nur das Ballett aus, sondern verpasste dem Moderator von Auftritt zu Auftritt einen neuen, noch schickeren Smoking aus einem Münchner Atelier. Unvergessen auch Joe Dzierzenga, der im stillen Kämmerlein am Modell die Bühnenbilder entwarf, um vor Ort den Aufbau seiner Kreationen millimetergenau zu überprüfen. Währenddessen belegte seine Frau Charlotte in ihrem Wohnwagen beständig neue Schinkenbrötchen für alle, die an ihre Tür klopften: vom Kabelträger bis hin zu Julio Iglesias.

Für den Moderator einer Live-Sendung sind vier Menschen besonders wichtig. Der Regisseur, der Redakteur, der Garderobier und der Maskenbildner.

Ewald Burike, der als Erster Kameramann noch den Schlamm von »Telesibirsk« an den Schuhen trug, war ab der dritten Folge der »Starparade« in die Königsklasse der Regisseure aufgestiegen. Bei Aufzeichnungen in Wien und Hamburg hatte er mit Theatergrößen wie Gustaf Gründgens und Fritz Kortner gearbeitet, hatte sie behutsam ins rechte Licht gerückt – eine Kunst, die Sensibilität und die Gabe der Empathie erfordert. »Das Gesicht spiegelt die Seele des Menschen, und das konnten wir in Ruhe zeigen«, erinnert sich Ewald. Junge Kollegen staunen noch

Das Team der »Starparade« mit dem Orchester James Last. Links neben Moderator Rainer Holbe der Regisseur Ewald Burike, rechts Redakteur Dieter Weber, Kostümbildnerin Eva-Maria Schröder und Bühnenbildner Joe Dzierzenga.

Seelentröster

Maskenbildner und Garderobieren sind Seelentröster, Beichtväter und Motivationskünstler. Ob Schauspieler, Sänger oder Moderatoren, sie kennen ihre Kundschaft besser als jeder Psychoanalytiker.

immer über die perfekt ausgeleuchteten Porträts von Milva und Daliah Lavi, von Katja Ebstein und Neil Diamond.

Fünf Tage blieben einem Team von etwa hundert Leuten, um eine Live-Sendung wie die »Starparade« zu produzieren. Jeder Schritt, jedes Wort, jede Geste wurden probiert. Heute wäre das ein Unding, da selbst Shows wie »Wetten, dass..?« in wenigen Tagen auf die Bretter gestellt werden. Ewald Burike war ein Meister der Innovation. Für die Show setzte er als erster Regisseur das Blue-Box-Verfahren ein, eine Spielerei mit magischer Wirkung. Heute wird diese Technik als »Green Box« in fast allen Studios verwendet. Burike schuf gemeinsam mit Herstellern aus der Industrie die »Starparaden«-Monitorwand: Auf 192 zusammengeschalteten Apparaten konnten Großaufnahmen wirkungsvoll projiziert werden – ein Verfahren, das umgehend Fernsehmacher aus Übersee auf den Plan rief, die es dann auch ungeniert kopierten.

Ewald Burike ist dem ZDF ein Leben lang treu geblieben. Wie die meisten seiner Kollegen war auch er einst von der ARD abgeworben worden. Schon bald erkannte er die vielen uneingeschränkten Möglichkeiten eines zentral ausgerichteten TV-Anbieters, der sich auch um eine gut gefüllte Pensionskasse und damit für eine komfortable Absicherung seiner Leute im Alter bemüht.

»De mortuis nil nisi bene«, sagten die alten Römer. Über Verstorbene solle man sich nur wohlwollend äußern.

Dies gilt auch für meinen Redakteur Dieter Weber, mit dem ich manchen Strauß ausgefochten habe, mit dem ich mich über Texte stritt und über die Länge der Moderation. Nach genau neunzig Minuten – wir haben nie auch nur zehn Sekunden überzogen! – lagen wir uns dann versöhnt in den Armen. Wer nach einer Live-Sendung aus dem Studio kommt, braucht jemanden, der einem gnadenlos etwas Gutes sagt. Weber hat es stets so gehalten. Für Kritik war am anderen Tag Zeit genug. Schade, dass er bei unserem Veteranentreffen nicht mehr dabei war.

Hans Grosch, den Maskenbildner, habe ich geliebt. Ich sehe ihn noch immer mit Puderquaste, Haarspray und Kämmen bewaffnet vor großflächigen Spiegeln agieren. Während der Sendung tupfte er mir hinter den Kulissen mit einem Wildledertuch den Schweiß von der Stirn, brachte die ein oder andere ver-

Wenn das Lampenfieber an den Nerven zerrt, braucht ein Moderator liebevollen Zuspruch von Maskenbildner Hans Grosch (links) und Garderobier Werner Böhm.

rutschte Locke wieder in Fasson und sagte das, was man als Moderator während einer Live-Sendung nicht oft genug hören kann: »Es läuft prima. Du bist wirklich gut heute Abend.«

Hans Grosch war beim ZDF einer der Gefragtesten seiner Zunft. Nicht selten waren er und seine Tochter Maritta ein Jahr im Voraus ausgebucht. Zu ihren Kunden gehörte vor allem Peter Alexander, der ohne die Groschs jeden Schritt ins Scheinwerferlicht verweigerte. Und dann auch Werner Böhm, mein Garderobier, der mich vor jeder Sendung wie ein edles Zirkuspferd aufzäumte. Smoking, Hemd und Schuhe behandelte er so feierlich wie die Utensilien eines Generalfeldmarschalls. In den Kulissen stand er, um jedes Stäubchen sofort vom Jackett zu fegen. Stets schickte mich Werner Böhm mit einem aufmunternden Klaps in die Arena, wo nicht nur das Saalpublikum wartete, sondern ein Millionenheer an den Fernsehapparaten, unsichtbar für mich, aber trotzdem vorhanden.

Es gibt nichts, was ein Maskenbildner nicht von seiner Klientel erfährt. Wenn das Lampenfieber an den Nerven zerrt, wird man demütig. Da braucht es ein fürsorgliches Gemüt. Da braucht es einen Menschen, der zuhören, aber im rechten Moment auch schweigen kann. Und es braucht jemanden, der dich für den Allergrößten hält, der jemals das Licht der Sonne erblickt hat. Der guten Ordnung halber sei erwähnt, dass diese Berufe natürlich auch von Frauen ausgeübt werden, genau so professionell und fürsorglich. Bei mir waren es halt Hans und Maritta, die mir in den zwölf »Starparade«-Jahren ihre Freundschaft anboten, ihre Zuneigung, ihr Vertrauen und ihr Make-up.

Das ZDF heute

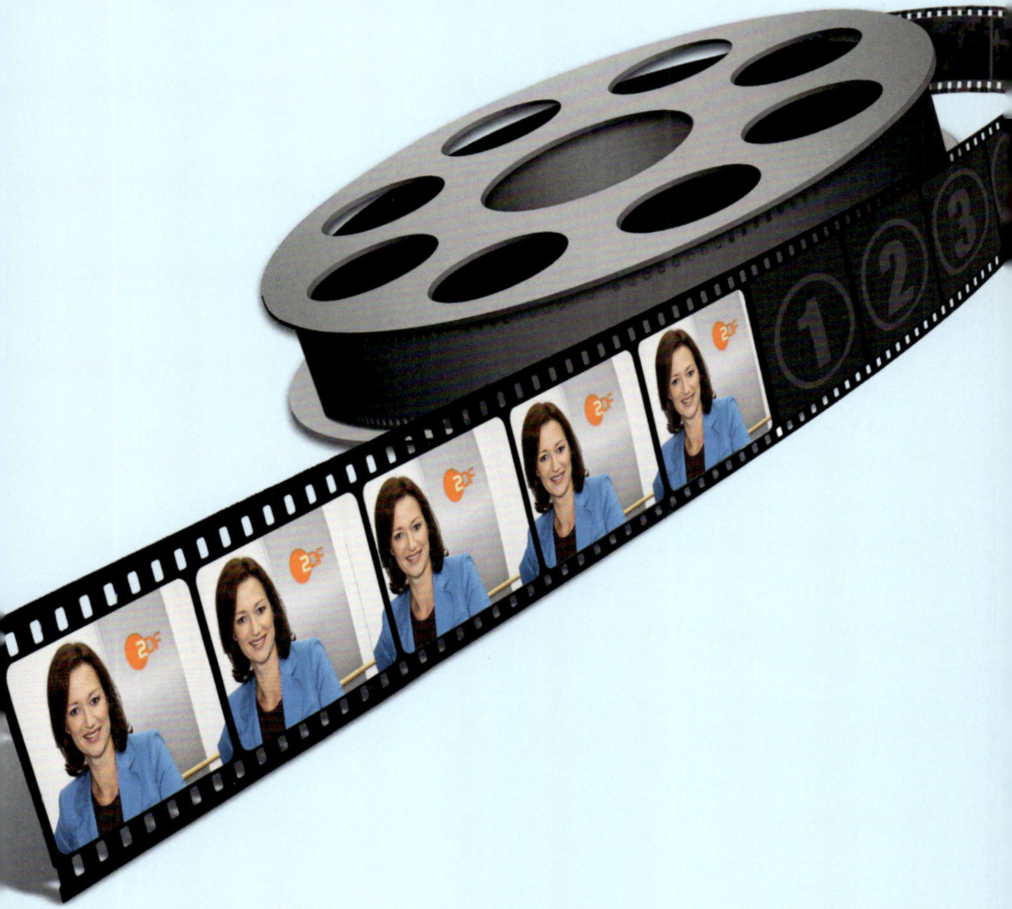

Journalistin aus Leidenschaft

Bettina Schausten sendet aus der Metropole | Als Zehnjährige moderierte sie die »heute«-Nachrichten im Wohnzimmer

Die ersten Fernseherfahrungen für Bettina Schausten sind vom ZDF-Programm geprägt. Es war der Favorit im katholisch-bürgerlich geprägten Elternhaus. Als Zehnjährige hat sie bereits die »heute«-Sendung nachgespielt. An das ZDF-Magazin mit Gerhard Löwenthal erinnert sie sich schon wegen der prägnanten Titelmelodie »und dieser Herzkurve auf dem Vorspann«. Auch an »Dalli Dalli« und natürlich an die Mainzelmännchen. Als Leiterin des Hauptstadtstudios ist sie jetzt selbst Teil des ZDF-Kosmos, in dem sie bereits eine beachtliche Karriere hingelegt hat. Nach ihren Anfängen beim *Bayrischen Rundfunk* war sie vier Jahre für den *Südwestfunk* im Landesstudio Mainz tätig. Bereits vor dem Studium hatte sie volontiert und suchte nach ihrem Abschluss in München eine Beschäftigung. So landete sie beim *Südwestfunk* in Mainz, wurde Reporterin und Schlussredakteurin für Nachrichtensendungen.

Irgendwann suchte das ZDF Leute für ähnliche Positionen. 1996 gab es dann den Sprung vom SWR in der Mainzer Innenstadt zum ZDF auf dem Lerchenberg. Jetzt wohnt und arbeitet sie in der Hauptstadt. Ihren Job hat sie von Peter Frey übernommen, der Chefredakteur wurde. Das Büro im Berliner Zollernhof ist eher spartanisch eingerichtet, eine Sitzecke, ein Schreibtisch, der so auch im Finanzamt stehen könnte. Zu unserem Gespräch kommt Bettina Schausten von einer Konferenz mit ihren Mitarbeitern.

[Sie moderieren die Wahlsendungen des ZDF, die Sommerinterviews und an manchen Sonntagen auch »Berlin direkt«. Kann man noch mehr in einem öffentlich-rechtlichen Sender erreichen?]

In der Hierarchie kann man natürlich mehr erreichen, aber ich bin mit großer Leidenschaft politische Journalistin, und da ist für mich die Leitung des Hauptstadtstudios Berlin – so nah am aktuellen Geschehen – eine ideale Position. Dafür bin ich dankbar.

[Mit Monika Piel im WDR und Dagmar Reim beim Rundfunk Berlin-Brandenburg gibt es nur zwei Intendantinnen in den öffentlich-rechtlichen Sendeanstalten. Auch die Posten von Chefredakteuren und Programmdirektoren sind vorwiegend mit Männern besetzt. Braucht es eine Frauenquote?]

Ich bin ja selbst ein Beispiel dafür, dass Frauen im öffentlich-rechtlichen Fernsehen durchaus Aufstiegschancen haben. Aber die Statistiken sprechen eine ganz klare Sprache – dass in den oberen Etagen eben zu wenig Frauen vertreten sind. Das Problem ist meiner Meinung nach erkannt, auch im ZDF. Insgesamt kann man trotzdem den Eindruck gewinnen, dass es ohne Quote offenbar nicht geht.

»Chef sein macht auch einsam«, sagte Bettina Schausten in einem Interview vor ihrer Berufung als Leiterin des ZDF-Hauptstadtstudios. Es sei »natürlich nicht mehr ganz so kuschelig wie vorher als Teil einer Redaktion«. Und »Autorität muss man sich erkämpfen«. Diese Erfahrungen hat sie bereits in ihrer ersten Führungsposition gemacht. 1999 übernahm sie die Leitung des »ZDF-Morgenmagazins« in Berlin, ein Sprung ins kalte Wasser?

Eine bemerkens
Karriere. Als kle
Mädchen hat s
»heute«-Sendu
nachgespielt, je
sie Chefin des
Hauptstadtstuc
Bettina Schaus

Bei diesen Schwimmübungen habe ich eine Menge gelernt, zum Beispiel, dass man als Chefin halt nicht mit allen befreundet sein kann und am Ende eben allein für Entscheidungen geradestehen muss.

Nach dem »Morgenmagazin« wurde Bettina Schausten mit der Leitung der Hauptredaktion »Innenpolitik« in Mainz beauftragt, bevor sie das Hauptstadtstudio in Berlin übernehmen durfte. »Man gewöhnt sich daran, Chef zu sein, und will auch die Vorteile dieser Position nicht mehr missen«, sagt sie.

[Den Westfalen – Sie sind in Lüdinghausen geboren – sagt man gerne ein besonderes Durchsetzungsvermögen nach. Volkstümlich »eine gewisse Sturheit«. Passt diese Beschreibung auf Sie?]

(lacht) Da müssen Sie meinen Mann fragen. Ich glaube, der würde das mit der Sturheit bestätigen.

[Und die Kollegen?]

Ich denke, ich bin eine Chefin, mit der man reden kann. Ich versuche, Argumenten zugänglich zu bleiben, offen zu sein für Anregungen und Kritik. Darum bemühe ich mich jedenfalls.

[Sie haben gemeinsam mit Ihrem ARD-Kollegen Ulrich Deppendorf den damaligen Bundespräsidenten Christian Wulff unter anderem zu seiner Kreditaffäre und auch nach seiner Meinung zur Pressefreiheit befragt. Das Interview hat letztlich zu seinem Rücktritt beigetragen. War das Gespräch ein Höhepunkt in Ihrem journalistischen Schaffen?]

Dieses Interview in einer sehr zugespitzten, aufgeheizten Situation war jedenfalls eines mit großer Wirkung und für mich eine der bisher spannendsten Erfahrungen meiner Berliner Jahre. Allen Beteiligten war ja klar, hier geht es jetzt um etwas. Ulrich Deppendorf und ich hatten als Vertreter der öffentlich-rechtlichen Sender den Zuschlag bekommen und standen unter besonderer Beobachtung der journalistischen Kollegen: Stellen die jetzt die richtigen und die kritischen Fragen? Da gab es am Ende keinerlei Beschwerden. Für den damaligen Bundespräsidenten Christian Wulff war es natürlich die letzte Chance, die Sache noch einmal zu wenden, um in diesem Amt bleiben zu können. Die Chance hat er verpasst.

[In diesem Moment waren Sie als Journalistin ja auch Teil eines politischen Geschehens.]

Absolut. Während wir das Interview führten, merkten mein Kollege Deppendorf und ich schon: Das ist alles nicht überzeugend. Wulff warf mehr neue Fragen auf, als er beantwortete. Und das alles ohne Not. Am Ende führte das zu seinem Rücktritt.

[In den 1970er-Jahren war das ZDF innovativ und modern und nicht selten Marktführer bei Formaten wie »Aktenzeichen XY«, »Journalisten fragen – Politiker antworten«, aber auch bei Unterhaltungssendungen wie die »Peter-Alexander-Show«. Heute hinkt es in der Akzeptanz bisweilen der ARD, mehr aber noch den privaten Anbietern hinterher. Hat der Sender wichtige Trends – zum Beispiel die Installation der Digital-Kanäle – zu spät erkannt?]

Das ZDF war nach seiner Gründung die jüngere Alternative zur ARD, ein Trendsetter. Da war das ZDF der Sender, der als erster mit Wibke Bruhns in den Nachrichten eine Frau präsentierte. Da gab es die Erfindung des »heute journal«, wo Moderatoren wie Klaus Bresser oder Ruprecht Eser eine neue Nachrichtensprache gefunden haben. Und dann war das ZDF natürlich der große Unterhaltungsdampfer mit Shows wie »Wünsch Dir was« oder »Drei mal Neun«. Ob auf diesem Gebiet später Trends verpasst wurden, kann ich nicht beurteilen. Heute nehme ich aber wahr, dass wir bei den Digital-Kanälen weit vorn sind.

Bei der Neuaufstellung für die digitale Medienwelt sehe ich keine Versäumnisse, im Gegenteil. Die Angebote von ZDF*neo* und ZDF*info* sind eine Bereicherung als Plattformen, die auch ein anderes Publikum anziehen. Es funktioniert ja nicht mehr, dass man ein Hauptprogramm hat, auf das das Publikum jeden Tag warten würde. Es geht darum, dass man seinen Content – wie es auf Neudeutsch heißt – auch künftig an den Mann oder an die Frau bringt. Und die Inhalte, die das ZDF bietet, sind ja erstklassig.

[Sie haben Geschichte, Literatur und katholische Theologie mit Magisterabschluss studiert. Helfen Ihnen Ihre akademischen Erkenntnisse bisweilen bei der Bewältigung Ihres journalistischen Alltags?]

»Zum Journalismus gehört eine gründliche Ausbildung«, sagt Bettina Schausten.

Ich nehme mich nicht zum Maßstab, aber ich bin Anhängerin einer ordentlichen Ausbildung und habe im Moment Probleme mit den verschiedenen Bachelor-Studiengängen von Medienwirten oder Kommunikationsmanagern. Da habe ich das Gefühl, dass selbst die Absolventen oft nicht genau wissen, was sie eigentlich gelernt haben. Was ich gemacht habe, war ein klassisches Magisterstudium, bei dem ich mich mit den Themen beschäftigte, die mich wirklich interessiert haben. Zum Journalismus gehört außerdem eine gründliche handwerkliche Ausbildung, am besten über ein Volontariat und mit viel »learning by doing«.

[Was raten Sie einer jungen Frau, die Ihren Job machen möchte?]

Ich rate ihr, sich ein Interessengebiet zu suchen, in dem sie sich fit macht und sich ständig weiterbildet. Dann geht es um eine gute journalistische Ausbildung: fundiertes Recherchieren, das Sammeln von Erkenntnissen, die Notwendigkeit von zweiten Quellen. Das alles ist heute leider nicht mehr selbstverständlich in der großen Online-Welt, in der sich viele nicht mehr darum kümmern, wer eigentlich hinter den Informationen steckt. Mit einem Knopfdruck hat man seine Information über Wikipedia. Aber ob die stimmt, ist die große Frage. Und die muss der Journalist beantworten können.

[Fast alle meine Gesprächspartner für dieses Buch pochen auf eine journalistische Ausbildung bei der Zeitung.]

Und die haben recht! Ein Volontariat bei Zeitungen und Zeitschriften ist deshalb so lohnenswert, weil das Schreiben zur Sorgfalt zwingt. Beim Fernsehen führt der Umgang mit Bildern oft zu Schwächen im Text. Und richtig gut wird es erst, wenn beides stimmt.

[Das ZDF ist ja Ihr Arbeitgeber. Was wünschen Sie ihm für die nächsten fünfzig Jahre?]

Dass es besteht. Weil sich hier sehr viel Qualität versammelt. Denken Sie allein an die Auslandskorrespondenten, die als Zeitzeugen in aller Welt großartige Arbeit abliefern. Und dass das ZDF seine Unabhängigkeit behält. Bisher geben uns die Gebührenzahler dazu die Möglichkeit. Wir müssen alle dafür werben, dass dieses wertvolle Gut weiterhin von der Gesellschaft akzeptiert wird. Und das geht nur, indem wir Qualität abliefern.

Unsere Unterhaltung ist beendet. Bettina Schausten muss zur nächsten Konferenz. Das aktuelle »Berlin direkt« will besprochen werden. Die Chefin des Hauptstadtstudios wirkt gelassen, selbstbewusst. Und sie bedauert es bestimmt nicht mehr, dass es in den oberen Etagen weniger kuschelig zugeht.

Von der Themse an den Rhein

Es gibt keine Krise im Journalismus | Claus Kleber und die Mondlandung | Ein Gespräch am Wasser

Als Schüler war er bereits Reporter beim *Kölner Stadtanzeiger*, und noch heute singt er das hohe Lied auf die Arbeit in der Lokalredaktion. »Journalismus ist in erster Linie ein Handwerk, das man von der Pike auf lernen muss«, sagt Dr. Claus Kleber, einer der angesehensten deutschen Journalisten. Als Korrespondent berichtete er aus Washington und London, seine Bücher *Amerikas Kreuzzüge* und *Spielball Erde* sind Bestseller. Ab 2003 moderiert und leitet er das »heute journal«. Ende 2007 wird ihm der Chefredakteurs-Posten beim Nachrichtenmagazin *Der Spiegel* angeboten. Die Königsklasse. Kleber entscheidet sich für das ZDF. Wir treffen uns auf der Rheinterrasse des »Hyatt« in Mainz. Hier führt er schon mal das ein oder andere berufliche Gespräch. Kleber ordert Salat und Lammragout in Curry. Keinen Wein.

[Wir sitzen hier entspannt beim Mittagessen. Heute Abend stehen Sie für das »heute journal« vor der Kamera? Ein Tag wie jeder andere?]

Nein. An Moderationstagen geht man schon am Abend vorher anders ins Bett und wacht morgens anders auf. Es gibt etwas, das einem die Routine nicht abnehmen kann. Das ist nicht so sehr die Moderation, sondern eher die Gestaltung der Sendung. Wenn ich mich so um sieben Uhr hinsetze und mir überlege, was ich sage, dann ist die Arbeit des Tages zu achtzig Prozent getan.

»Claus Kleber is derzeit der bede tendste deutsch TV-Weltdeuter«, schrieb die *Süd deutsche Zeitun* über den Mode tor des »heute journal«, dem Nachrichten-Fla schiff des ZDF.

Das, was man am Ende auf dem Schirm sieht, ist nur der kleinste Teil des Schaffens.

[Sie waren acht Jahre alt, als das ZDF mit seinem Programm startete. Haben Sie das irgendwie mitbekommen?]

Wir hatten damals keinen Fernsehapparat. Ich wohnte mit meiner Familie in Liechtenstein, und da guckt man viel deutsches Fernsehen. Ich habe mitgekriegt, dass es jetzt einen neuen Sender gibt. Aber der hat in meinem Leben noch keine Rolle gespielt. Meine Eltern meinten, Fernsehen sei ohnehin nur Zeitverschwendung. Deshalb habe ich manchmal bei meinen Freunden in die Röhre geschaut. Das erste Erlebnis, das ich ganz bewusst mit dem Fernsehen verbinde, war die Mondlandung am 21. Juli 1969.

[Sie waren also als Kind durchaus am Fernsehen interessiert?]

Ja, besonders die Berichterstattung über ferne Länder hatte es mir angetan. Ich bin als Kind nie im Ausland gewesen, außer in Österreich und der Schweiz. Mein Vater, der für die Weltraumfahrt tätig war, reiste schon mal nach Amerika. Das war unvorstellbar weit weg. Ein Ferngespräch dorthin musste man einen Tag vorher im Amt anmelden. Ich wusste damals, da will ich auch mal hin. Denn was mein Vater von dort erzählte, klang fantastisch. Ein weites Land mit entspannten Menschen, die sich beim Vornamen nannten, die freundlich und heiter waren.

Trotz der frühen Erfahrungen als Lokalreporter studiert Kleber nach dem Abitur Rechtswissenschaften. Das Juristische hatte ihn schon immer fasziniert. »Als Anwalt lernt man eine Menge Dinge, die für einen Journalisten wichtig sind«, erklärt er. »Zum Beispiel, dass jeder Streit zwei Seiten hat. Davon sich nicht verwirren zu lassen und zu früh zu sagen, die eine Seite hat recht, die andere hat unrecht. Das ist eine Lehre.«

[Das ist ja auch die Aufgabe des Journalisten.]

Ob er über das Betreuungsgeld redet oder die Euro-Rettung. Gleichgültig, ob es um einen Streit unter Nachbarn oder einen Streit zwischen Unternehmen wie Daimler-Benz und Chrysler geht, es ist stets die gleiche Herausforderung: sich gründlich informieren, das Wesentliche vom Unwesentlichen trennen und dann fair berichten.

Kleber war zu diesem Beruf gekommen, weil er die Welt kennenlernen, weil er mehr über Menschen wissen wollte. 1984 galt es, zwischen zwei Angeboten zu wählen: Ein internationaler Anwalt wollte ihn unbedingt als Mitarbeiter behalten. Er zahlte zweieinhalb Mal mehr als die Leute vom *Südwestfunk*, die Kleber mit der Leitung des Studios in Konstanz lockten. »›Studioleitung‹ klingt großartig, aber da gab es für mich niemanden zu leiten«, lacht Kleber. »Ich habe mich für das entschieden, wofür ich ursprünglich bei meinem Studium angetreten war, nämlich den Journalismus.« Also wählte er den Bodensee. 15 Jahre lang berichtete er danach für den Hörfunk und die ARD als Studioleiter in Washington und London, auch über den Terroranschlag am 11. September 2001.

[Beschäftigt Sie das Thema noch heute?]

In meinem Büro hängt die Titelseite der *New York Times* vom 11. September 2001. Das ist nicht die mit dem Foto der brennenden Türme, das kam erst am 12. September. Am Tag des Anschlags hatte die wichtigste Zeitung der Welt die langweiligsten Geschichten auf der Seite eins. Da ging es um Kommunalwahlen in der Stadt New York und um die Frage, ob Mädchen in der Schule bauchnabelfreie Tops tragen dürfen. Ganz unten links – nicht größer als zwei Briefmarken – stand eine Meldung, dass in Afghanistan ein Rebellenführer namens Schah Massoud umgebracht worden sei. Inzwischen wissen wir, dass dies der Auslöser für den Terror des 11. September gewesen ist. Osama bin Laden hat einen Gegner ausgeschaltet, mit dem sich die Amerikaner hätten verbünden können. Das beschäftigt mich bis heute, wie leicht man die wichtigste Entwicklung eines Tages übersehen kann.

[Sie haben einen großen Teil Ihrer Laufbahn bei der ARD erlebt …]

… oh ja, zwanzig Jahre ….

[… und wurden dann 2003 Nachfolger von Wolf von Lojewski beim »heute journal«. Sie kennen also beide große Systeme von innen. Was sind die Unterschiede?]

Zum Mittagessen auf der Rhein-Terrasse. Claus Kleber (links) traf Rainer Holbe an einem sonnigen Sommertag in Mainz.

(C.K. lacht): Wie viel Zeit haben wir? Nein, im Ernst: Für einen Journalisten ist das Wesentliche eine Gemeinsamkeit. Wir sind in allererster Linie der Information verpflichtet. Hier wie dort. Natürlich achten wir auch darauf, wie viele Menschen uns sehen. Wir wollen ja Menschen erreichen. Aber eben nicht mit leichtgängiger Kost, sondern mit Information. Es geht nicht nur darum, was Leute sehen wollen, sondern darum, was sie wissen sollten. Dem gehen wir nach. Auch wenn wir wissen, dass Nachrichten über den Nahen Osten oder über den Klimawandel für viele Menschen ein Umschalt-Impuls sind. Dann müssen wir es halt besser erzählen. Aufgeben geht nicht.

[Also keine wesentlichen Unterschiede?]

Doch. Ich glaube, man hat bei ARD und ZDF falsche Vorstellungen vom anderen. Auf der Arbeitsebene im ZDF sehen viele die ARD als einen Riesen. Stimmt ja auch. Dort sind etwa sechs Mal so viele Menschen beschäftigt (23.000 feste ARD-Mitarbeiter, R.H.) wie bei uns (3.600 feste ZDF-Mitarbeiter, R.H.) Wenn man aber bei der ARD ist, sieht das ZDF im Vergleich größer aus. Weil es die ARD ja eigentlich nur virtuell gibt. Das ist ein loser Verbund von Landesrundfunkanstalten. Als Mitarbeiter beim SWR oder NDR erlebe ich immer nur mein eigenes Haus. Da wirkt die

Zentrale in Mainz viel größer und auch straffer – nur ein Intendant, nur ein Chefredakteur. Der kann seine Korrespondenten in die ganze Welt schicken. Der beim NDR hat »nur« Tokio, Peking, Singapur, London und alle paar Jahre mal Washington zu bieten. Und damit schon sehr viel. Wenn du als Russland-Liebhaber beim NDR bist, bist du verratzt. Dann musst du nach Köln schielen.

[Sie haben zwei Töchter, die auch in der Zukunft ein gutes Leben führen wollen. Wird es ihnen gelingen?]

Wenn man ihr Leben mit meiner Jugend in den 1960er-Jahren vergleicht, leben sie sicherer. Wir lebten im Kalten Krieg, in einer Welt am Rande der atomaren Vernichtung. Ich war es gewohnt, dass Starfighter im Tiefflug über unser Haus flogen und gewaltige Panzerkolonnen über die Schwäbische Alb ratterten. Da sehe ich gegenüber der heutigen Generation keinen Grund zum Pessimismus.

[Europa ist ein friedlicher Kontinent geworden. Die Bedrohungen sehen heute anders aus.]

Was mich so hoffnungsfroh stimmt, ist, wie selbstverständlich die jungen Leute heute global vernetzt sind. Wie Kids in Deutschland den Gang der Arabischen Revolution mitverfolgt haben, über Twitter, über Spendenaktionen, über Diskussionsrunden. Der Regenwald in Brasilien ist denen nicht egal, über Facebook gibt es Kontakte zu den Menschen, die dort leben. Das vernetzte globale Denken, das uns so schwerfällt, ist den meisten jungen Leuten in die Wiege und ins Handy gelegt.

[Ende 2007 ist Ihnen die Position des Chefredakteurs beim *Spiegel* angeboten worden. Zu den Besprechungen sollen Sie Artikel mitgebracht haben, deren Aufbau und Inhalt Sie kritisierten. Lesen Sie noch immer mit den Augen des frühen Lokalreporters?]

(lacht) Ich lese vor allem mit den Augen des Fernsehmagazin-Machers. Ich glaube, dass die beiden Medien eine Menge voneinander lernen können. Ich habe damals mangelnde Stringenz und Verständlichkeit mancher *Spiegel*-Artikel kritisiert. Das habe ich auch ziemlich harsch gemacht, weil ich mir nicht die geringste Chance ausrechnete, aus diesem Schaulaufen als Sieger hervorzugehen.

[Die Suche nach einem *Spiegel*-Chefredakteur war also eine Art Casting?]

Fast. Das sah man schon an den abgegessenen Sandwich-Tellern: Da waren vor mir schon andere im Rennen.

[Sie haben das Angebot des *Spiegel* dann doch nicht akzeptiert, weil das ZDF Ihnen ein besseres Angebot gemacht hat: Sie tauschten die Leitung des »heute journal« gegen den Status eines festen freien Mitarbeiters aus. Ich denke, das gibt Ihnen mehr Gestaltungsraum?]

Das Schöne daran ist auch, dass das »heute journal« immer schon eine Redaktion hatte, die sehr unhierarchisch war. In unserer Runde entscheidet nicht der Chef, sondern der mit den besseren Argumenten. Und da ist jetzt auch eine Leitung, mit der ich mich notfalls ohne Worte verstehe. Wobei wir viel und gerne reden (lacht) – besonders ich.

Die *Süddeutsche Zeitung* schrieb über den TV-Journalisten: »Kleber, der zuweilen erklärt, er sei ›kein Politikjournalist, er spiele lediglich einen im Fernsehen‹, ist derzeit der bedeutendste deutsche TV-Weltendeuter.« Bei seinen Moderationen,

CLAUS KLEBER

Das ZDF in zehn Jahren

Dafür, dass dieses ZDF ein riesiger Apparat ist mit einer langen Tradition, passiert bei uns eine Menge in der Programmstruktur, in der Entwicklung neuer Formate, im Online-Bereich. Ich bin sicher, dass das ZDF seinen Standpunkt in der Multimedia-Welt behaupten und vergrößern wird. Mit starken Leuten. Dabei sehe ich naturgemäß das »heute journal« ganz vorne. In einer Welt, die immer bunter und vielfältiger wird, werden am Ende nur die starken Marken überleben. »heute journal« ist eine davon!

aber auch in seinen Büchern spürt man, wie sehr er sich der Sprache verpflichtet fühlt. Es sind weniger die schöngeistigen Autoren, die ihn inspirieren. Claus Kleber nimmt sich eher die Angelsachsen zum Vorbild, wenn es um journalistischen Ausdruck geht. Da liest er schon mal in amerikanischen Magazinen, deren Stil ihn anregt.

[Werden Sie in der Öffentlichkeit oft angesprochen?]

Ganz besonders häufig von in Deutschland lebenden Ausländern. Meist sind solche Begegnungen sehr positiv. Ich weiß nicht, ob es in der Natur dieser Menschen liegt, dass sie so offen sind. Oder ob es nicht so ist, dass unsere Sendung dazu beiträgt, das Land, in dem sie jetzt leben, besser zu verstehen. Das wäre ein schönes Kompliment.

[In einem Café soll sich einmal eine Dame auf Ihren Tisch zubewegt und gesagt haben: »Nehmen Sie's mir nicht übel, aber ich wollte mal in diese blauen Augen gucken.« Stimmt die Geschichte?]

Die Geschichte stimmt, und es gab sie in verschiedenen Varianten mehr als einmal. Das hat nachgelassen mit dem neuen Studio, aus dem wir jetzt senden. Dieses vorherrschende Grün in der Dekoration nimmt offenbar diesen Augen-Effekt ein Stück weit weg. Das heißt, ich trinke jetzt meinen Kaffee in größerer Ruhe.

[Gibt es eine Krise des Qualitätsjournalismus?]

Nein. Wir haben heute viele interessante Werkzeuge in der Hand, wir sind rund um die Welt bestens vernetzt, wir haben großartige Recherche-Instrumente, die innerhalb von Sekunden Dinge an den Tag fördern, für deren Erschließung wir früher Tage gebraucht hätten. Wenn wir es nicht schaffen, daraus einen vernünftigen Journalismus zu machen und die Leute zu interessieren, dann sollten wir nicht klagen, sondern uns überlegen, was wir falsch machen.

[Wie haben neue Angebote wie Twitter oder die Online-Seiten der Tageszeitungen die Fernsehnachrichtenwelt verändert?]

Wir bekommen viele Bilder, die früher nicht zugänglich gewesen wären. Von der Arabischen Revolution, aber auch die Aufnahmen, die wir aus Syrien auswerten und die die Regime nicht unter Kontrolle bringen. Diese meist von Amateuren gedrehten Szenen sind ein wichtiges Instrument für den Journalismus, der sich vornimmt, Dinge aufzudecken, die von den Mächtigen gerne unter der Decke gehalten würden. Es gibt ein viel schnelleres Feedback zum Publikum durch die Kurznachrichten-Form Twitter. Das nutzen wir, um zu gucken, was so das allgemeine Gemurmel ist. Das heißt nicht, dass wir uns danach richten. Und das muss alles vor der Sendung nach bestem Wissen und Gewissen geprüft werden. Da stecken wir viel Arbeit rein.

[Jährlich stehen junge Leute vor Redaktionstüren Schlange wegen eines Volontariats oder Praktikums. Die Faszination für diesen Beruf hat offenbar nicht nachgelassen.]

Nein, die sollte auch nicht nachlassen. Es ist ein wunderbarer Beruf. Ich habe nie in meinem Leben meinen Urlaubsanspruch ausgeschöpft, Überstunden abgefeiert oder mich an feste Arbeitszeiten gehalten. Das macht man nur, wenn einem die Arbeit wirklich Freude macht.

Auf dem Rhein fahren die großen Schiffe vorbei. Noch immer steht die Sonne hoch am Himmel. Eigentlich kein Tag, an dem man im Büro sitzen sollte. Claus Kleber verabschiedet sich. In zehn Minuten wird er auf dem Lerchenberg mit den Kollegen die aktuelle Nachrichtenlage besprechen.

Eine Art moderner Fünfkampf

Bei »Maybrit Illner« wird schon mal gejodelt | Frühstücksfernsehen im Schutz der Nacht

In ihrem Berliner Büro stapeln sich Bücher, darunter Thea Dorns *Die Deutsche Seele*, Zeitungen und Zeitschriften. Für eine Bildschirmgröße wie sie ist der Raum eher bescheiden. Wenn Maybrit Illner aus dem Fenster schaut, erblickt sie die graue Fensterfront von gegenüber. Doch einmal pro Woche bricht sie auf, in jenes großzügig gestylte Studio, das dutzende Scheinwerfer in eine funkelnde Kommandobrücke verwandeln. Jeden Donnerstag hat sie hier ihren großen Auftritt in der Sendung, die ihren Namen trägt: »Maybrit Illner«.

Ihre Fernsehkarriere begann die junge Journalistin in der Sportredaktion des DDR-Fernsehens, bevor sie nach der Wende ihre Chance beim ZDF erhielt. Bestens informiert glänzte sie als forsche Interviewerin des *Frühstücksfernsehens*, dessen Leitung sie später übernahm. Trotz früher Morgenstunde wirkte sie stets hellwach, schlagfertig und schnell. Bald schon bekam sie mit »Berlin Mitte« ihr eigenes Format. Mit Themen zur Lebenswirklichkeit der Menschen erreicht sie eine hohe Akzeptanz, vorwiegend bei den älteren, gebildeten Zuschauern.

»Maybrit Illner hat frischen Wind in den oft trockenen Polit-Talk des deutschen Fernsehens gebracht«, meinte die Bambi-Jury, als ihr der Medienpreis überreicht wurde. »Sie ist kompetent und stets hochkonzentriert beim Thema. Sie versteht es, unbefangen zu fragen und nachzufragen. Sie bleibt dabei stets freundlich, aber ohne falsche Ehrfurcht.«

»So eine Sendung zu moderieren macht ja auch Spaß«, gesteht Maybrit Illner dem Autor, der sie in ihrem Berliner Büro besuchte.

[In Ihrer Sendung »Maybrit Illner« versuchen Sie immer wieder, Ihre Gäste von eingeübten langatmigen Erklärungen abzubringen. Wenn Sie trotz aller Versuche nicht durchdringen, sollen Sie auch schon mal gejodelt haben.]

Stimmt. Und das war hilfreich. Manchmal ist man ja als Moderatorin durch den Kasten mit dem »Operationsbesteck« durch. Einmal habe ich plötzlich geflüstert. Da wurde die Runde, die sich vorher schwer bändigen ließ, sehr aufmerksam. Und ein anderes Mal habe ich gejodelt, und innerhalb von zwei Sekunden war Ruhe. Probieren Sie's mal! (lacht)

[Als Zuschauer habe ich das Gefühl, dass Ihnen Ihre Arbeit weder Last noch Bürde ist, sondern eher Freude bereitet.]

So eine Sendung zu moderieren, macht ja auch Spaß. Das ist eine Art moderner Fünfkampf: Sie müssen zuhören, ob Ihre Frage beantwortet wurde. Sie sollten dabei die nächste schon im Kopf haben. Sie müssen drittens aufpassen, dass es fair zugeht und sich niemand mental in die Büsche schlägt. Sie sollten gucken, dass das alles viertens einen roten Faden hat und fünftens irgendwie zum Thema passt. Und dann sind die Sendungen natürlich höchst unterschiedlich: Manchmal sitzen da Menschen, die sich viel zu sagen haben – respektive viel an den Hals wünschen –, da kann man's auch mal fünf Minuten laufen lassen. Ein anderes Mal muss ich kämpfen wie 'ne Löwin, um dem Zuschauer die verschiedensten Argumente zu einem Problem auf den Tisch zu legen, weil alle mauern. Das lässt sich nie planen. Ich habe eine tolle Redaktion und fühle mich von ihr großartig präpariert für den Donnerstag. Aber erstens kommt es anders und zweitens als man denkt. Live is live ...

[Sie haben in der Sportredaktion des DDR-Fernsehens volontiert, waren später dort Redakteurin und Moderatorin. Wie haben Sie damals das West-Fernsehen erlebt?]

Ich habe viel ARD und ZDF geguckt, denn ich war eine begeisterte Sportreporterin. Jedenfalls wollte ich die werden. Post-pubertär hatte ich den Traum, irgendwann den Olympischen Marathon zu kommentieren. Dazu ist es zum Glück nie gekommen. Aber ich habe als Vierzehn-, Fünfzehnjährige jedes »Aktuelle Sportstudio« gesehen. Harry Valérien war neben Heinz-Florian Oertel (früherer DDR-Sportreporter, R.H.) ein großes Vorbild für mich. Solche Wortakrobaten wurden meine »role models«. Und das ZDF ging so schon vor 30 Jahren bei mir ein und aus.

[Sie haben zusammen mit Gabi Bauer und Sandra Maischberger den Hanns Joachim-Friedrichs-Preis bekommen. Hat Friedrichs – via Bildschirm – Ihr Fernsehschaffen beeinflusst?]

Na klar, noch so ein »role model«! Wunderbarerweise hat sich Hanns Joachim Friedrichs – das weiß die Welt vielleicht gar nicht – in der Zeit der Wende intensiv um die jungen Kollegen im Osten gekümmert. Er war viel in Berlin, hatte einen regen Kontakt zum Chefredakteur des DFF und auch zum Intendanten des Nach-Wende-DDR-Fernsehens. Und das fanden wir großartig. Der Mann blieb nicht auf seinem Hamburger Moderatorenstuhl sitzen, sondern wollte uns Jungspunden – die wir ein neues Kapitel echter journalistischer Arbeit aufschlugen – zur Seite stehen. Das hat mir sehr imponiert. Ich habe mich über den Preis 2000 natürlich gefreut. Wenn man ausgezeichnet wird, fühlt man sich halt auch ausgezeichnet. Aber wichtiger als diese Ehrung war für mich, mit Friedrichs 1990 in einer Ostberliner Kneipe an einem Tisch zu sitzen und von seinen Erfahrungen zu partizipieren.

Sieben Jahre lang moderierte Maybrit Illner das »ZDF-Morgenmagazin«. Ein Knochenjob, der höchste Anforderungen an Geist und Körper stellt. Wenn andere noch schlafen, sitzen die Moderatoren bereits in der Maske. »Was man seinem Körper zumutet, wenn der morgens um halb drei aufstehen soll, muss ich Ihnen nicht sagen«, erinnert sie sich. »Da gab es genug Situationen, in denen stand man in Dreierreihe neben sich und wusste nicht mehr, wo man wohnt und wie man heißt. Spätestens fünf vor sieben war dann alles anders. Wir hatten tapfer an den Berichten und den Interviews des Morgens gefeilt. Und dann ging es los.« Über drei Stunden ein Programm mit einer total unterschiedlichen Themenpalette zu machen, ist für junge Journalisten eine der besten Herausforderungen. Jede Situation ist einmalig, Nerven und Reaktionsvermögen sind gefragt wie selten beim Fernsehen. »Pannen gibt es nicht … oder nur«, lacht Illner. »Entschuldigungen werden nicht gesendet! So etwas vergisst man nicht. Das bleibt ewig. Im Schutz der Nacht dieses Programm zu produzieren, hat vielleicht die Menschheit nicht weitergebracht, aber das ZDF – wie die ARD – dann über den ganzen Tag hinweg zu einem höchst aktuellen Sender gemacht.«

[Das war nicht immer so. Als ich das RTL-Frühstücksfernsehen am Morgen nach dem Fall der Mauer mit Schaltungen nach Berlin und Bonn moderierte, sendete das ZDF noch sein Testbild.]

Ich behaupte mal, so etwas würde heute nicht mehr passieren. Ich habe überhaupt das Gefühl, dass dieser Sender dazulernt. Stichwort Aktualität, Stichwort Neue Medien. So etwas wie ZDF*neo* sieht man auf keinem anderen Kanal. Auch bei der Unterhaltung gibt's nicht mehr nur »Dalli Dalli« und Volksmusik, sondern jetzt Olli Welke oder Pelzig oder »Neues aus der Anstalt«. Tolle, selbstironische Formate, die es früher wenig hatte im Programm.

[Da kommt wohl auch der berühmte Zeitgeist ins Spiel.]

Ja, natürlich. Ein Medium versteht sich doch dann richtig, wenn es nicht mit der Attitüde daherkommt: Hier habt ihr euer Programm, fresst oder sterbt! Als Sender strahlt man für ein Publikum aus, das sich entwickelt und verändert. Also gilt auch für den Sender: Nur wer sich verändert, bleibt!

Nach der Mühsal des Frühstücksfernsehens brachte der Oktober 1999 für Maybrit Illner mit dem ZDF-Polittalk »Berlin Mitte« den endgültigen Durchbruch. Ihr Witz und ihre Spontaneität halfen ihr, selbst dröge Themen munter aufzubereiten. Im September 2005 moderierte sie gemeinsam mit Sabine Christiansen von der ARD und Kollegen von den Privaten das Fernsehduell zwischen Angela Merkel und Gerhard Schröder. Zwei Jahre später wurde »Berlin Mitte« mit dem Talkshow-Namen »Maybrit Illner« personalisiert. Die Sendezeit wurde auf eine Stunde verlängert, das Studio modernisiert und mit der Einbeziehung des Publikums das Sendekonzept verändert.

[Können Sie sich vorstellen, in der ZDF-Hierarchie weiter nach oben zu klettern? Bisher gab es weder eine Intendantin noch eine Programmdirektorin auf dem Lerchenberg.]

Jeden Donners
abend versuch
»diesen Riesen
mos in einen kl
Planeten zu ve
deln«. Maybrit
moderiert eine
wichtigsten Po
Talks im deuts
Fernsehen. Hie
(v. li. n. re.): Hei
Buschkowsky,
Kristina Schrö
Maybrit Illner,
Göring-Eckard
Hedwig von Be
foerde, Barbar
Hahlweg.

Ich kann mir alles vorstellen. Aber im Moment lebe ich sehr glücklich mit und für diese Sendung und mache mir überhaupt keine Gedanken über anderes. Ich hätte mir – ehrlich gesagt – nicht träumen lassen, diesen Polit-Talk über zwölf, dreizehn Jahre zu moderieren. Die Abgesänge im Feuilleton waren ja zahlreich. Als zum Beispiel die große Koalition 2005 startete, stellten uns viele die Frage: »Oh Gott, worüber wollt ihr jetzt noch reden? Worüber wird jetzt noch diskutiert? Das wird doch ein Friedhof der Kuscheltiere!« Großer Irrtum! Die vier apokalyptischen Reiter sind in Bezug auf das Genre Talkshow ja immer durch die Lande gezogen und haben das Ende allen Redens prophezeit. Aber interessanterweise sehen die Zuschauer das genauso lange anders. Unsere Sendung jeden Donnerstag gucken Millionen Menschen. Wir formulieren ihre Fragen und beantworten sie hoffentlich. Das ist eine echte Aufgabe. Wir leben in einer politisch wahnsinnig aufregenden Epoche. Da haben solche Formate einfach eine hohe Zeit.

[Sind Sie als Journalistin nicht längst zur Chronistin der Zeitläufe geworden?]

Bestimmt. Was geschieht gerade in der Welt: Es gibt eine riesige technische Revolution, die digitale, die alles beschleunigt, was wir früher noch im dritten oder vierten Gang erledigt haben. Es gibt die Globalisierung – noch so eine Revolution – und mit ihr eine neue Verteilung von Reichtum in der Welt. Die sogenannte »erste Welt« muss verstehen, dass unser Wohlstand in Teilen nach China, nach Indien, in die Schwellenländer wandert. Wir werden uns damit abfinden müssen, nicht mehr die »erste Welt« zu sein, dafür aber in einer gleichberechtigteren zu leben. Und für die Demokratie müssen wir richtig werben, eine Art Schaulaufen organisieren. Den einundzwanzig arabischen Staaten ist das chinesische Modell des Staatskapitalismus vielleicht das attraktivere als unsere Verfassungsdemokratie. Lange Rede, schwacher Sinn: Es passiert sehr viel und wirklich Wichtiges. Und der Reiz besteht natürlich darin, an einem Donnerstagabend zu versuchen, diesen Riesenkosmos in einen kleinen Planeten zu verwandeln und ihn in sechzig Minuten mit den Menschen, die wir eingeladen haben, sinnvoll zu beackern.

[Frei nach Goethe: Von hier und heute geht eine neue Epoche der Weltgeschichte aus, und ihr könnt sagen, ihr seid dabei gewesen.]

Genau.

Maybrit Illner – die in ihrer Geburtsstadt Berlin lebt – unterstützt den Verein »Gesicht zeigen – für ein weltoffenes Deutschland e.V.«, der sich gegen Fremdenfeindlichkeit, Rassismus, Antisemitismus und rechtsextreme Gewalt wendet. Auf besondere Weise begleitet sie die Aktionen des *Deutschen Roten Kreuz* in Afghanistan, Pakistan und Irak. »Ich bin einfach fasziniert von deren Arbeit«, erklärt sie. »Seit 150 Jahren existiert diese Organisation, sie hilft in Krisen und Kriegen sofort mit dem Notwendigsten, ist oft Vermittler unter den Kriegsparteien und in fast allen Ländern der Welt präsent. Da wird kein ›spot‹-hopping betrieben, sondern substanziell gearbeitet. Die Einsätze und Projekte sind mitunter riskant, aber immer von Nutzen. Was ich da tun kann, tue ich gern.«

Ein Deutscher, der die Briten mag

Das Reich von Theo Koll heißt »Politik und Zeitgeschehen« | Anekdoten über die Queen und George Bernard Shaw

Der Mann fällt auf. Ob er einst »Frontal 21« moderierte oder momentan für das »Auslandsjournal« vor der Kamera steht, stets trägt er edlen Zwirn mit Einstecktuch. Made in England. Der Aufenthalt auf der Insel hat ihn geprägt, mehr noch als seine Studien in Bonn und Paris. Als Student war er auch in London, später als TV-Korrespondent. Davor hinterließ er als freier Mitarbeiter beim *Deutschlandfunk*, beim *Bayerischen Rundfunk* und bei *The Times* seine journalistischen Spuren. Beim ZDF hat er Karriere gemacht, hausintern wie viele seiner Kollegen. Auf dem Mainzer Lerchenberg scheint eine Talentschmiede installiert, die Leute dort – so wirkt es jedenfalls – haben alle ihre Chancen. Maybrit Illner, Bettina Schausten, der Kommunikationsdirektor Alexander Stock und schließlich der Chef selbst – Thomas Bellut – sind Schritt für Schritt auf der Karriereleiter vorangekommen.

Manche sprechen von Theo Koll als der »Wunderwaffe« des ZDF, der das »Auslandsjournal«, das »Politbarometer« sowie die Wahl- und Sondersendungen des Hauses souverän moderiert. Im Mai 2010 legte er die Redaktionen für Innen- und Außenpolitik zusammen. Kolls Reich heißt jetzt »Politik und Zeitgeschehen«. Wir treffen uns – zufällig – in der *Hessischen Staatskanzlei*. Kollege Dieter Kürten bekommt den Hessischen Verdienstorden. Theo Koll ist gekommen, um ihm Referenz zu erweisen.

Begegnung in der Hessischen Staatskanzlei in Wiesbaden. Rainer Holbe (links) trifft Theo Koll, den Leiter der Hauptredaktion »Politik und Zeitgeschehen« des ZDF.

[Theo Koll, im Fernsehen beobachten wir eine Inflation an Talkshows. Sie waren jahrelang für das ZDF in London, wo es ja auf vielen Ebenen eine Debattenkultur gibt. Wurden Sie davon beeinflusst?]

Ich hoffe es. Man ist ja als Deutscher, der die Briten mag, stets versucht, zum Wahl-Insulaner zu werden. Ich glaube, die Briten nehmen Annäherungsversuche mit einer geschmeichelten Gleichgültigkeit zur Kenntnis. Über diese Distanz haltende Art gibt es eine kleine Anekdote über Königin Elisabeth und die damalige Premierministerin Margaret Thatcher. Letztere stellte bei einem Empfang fest, dass sie die Bekleidungsvorschriften nicht abgestimmt hatte und eine identische Kleiderfarbe trug wie die Monarchin. Über eine Hofdame ließ sie ihr übermitteln, dass ihr dies sehr leidtue. Worauf die Hofdame mit der Bemerkung zurückkehrte: »Die Königin bemerkt nicht, was andere Leute tragen.«

[Im Gegensatz zu den USA und England gibt es an unseren Universitäten nur wenige Debatten-Clubs, in denen Rede und Gegenrede geübt werden. Auch im Bundestag wird eher gestritten als debattiert. Kann man Rhetorik lernen?]

Das kann man lernen, so wie die Briten schon in den Schulen oder an ihren Universitäten in ihren Debating-Clubs. Wir haben aber mittlerweile auch schon über 70 solcher Clubs an deutschen Universitäten. Ich glaube aber, dass sich die lange Tradition mittlerweile in genetischen Unterschieden niederschlägt. Debatten sind im britischen Wesen einfach tief verwurzelt. Im britischen Parlament sitzen sich die Abgeordneten der beiden politischen Seiten gegenüber, positionieren sich in Rede und Gegenrede. In Deutschland sitzt man im Halbrund. Wir haben eine viel stärker konsensual ausgeprägte Politik und Kultur. Dies zeigt sich nicht zuletzt an den hierzulande üblichen Koalitionsregierungen. In Großbritannien ist das die große Ausnahme.

[Sie haben einmal gesagt: »Wer in Großbritannien eine Tischrede ohne entsprechende rhetorische Brillanz hält, kann sich auch gleich in die Essgabel stürzen.« Wie ist das bei Ihnen: Schaffen Sie eine intelligente Tischrede aus dem Stand?]

Da bin ich zutiefst deutsch. Tischreden muss ich mir vorher überlegen. Sollte jedoch ein Brite einmal so töricht sein, mich um eine solche Rede zu bitten, würde ich mir allergrößte Mühe geben.

In seinem ganzen Erscheinungsbild verkörpert Theo Koll ein Phänomen, das aus der Mode gekommen scheint: Manieren. Wer ihm begegnet, kommt zu dem Schluss: Es gibt sie noch, sie sind nicht aus der Welt.

[Haben Sie auch das Gefühl, dass immer mehr Menschen gegeneinander als miteinander leben?]

Unser gesellschaftliches Miteinander hat sich, wie so vieles, extrem beschleunigt. Davon sind auch die Briten nicht ganz frei. Meine Erfahrungen mit Großbritannien erstrecken sich ja schon auf Jahrzehnte. Ich habe dort bereits studiert. Das Großbritannien der Nach-Thatcher-Zeit ist deutlich anders. Ein vermehrter Einsatz der Ellbogen ist spürbar, die Briten fahren sehr viel ruppiger Auto und beim Schlangestehen zeigen sich Aufweichungstendenzen. Das geht so weit, dass manche Briten heutzutage verwirrt sind, auf welcher Seite der Straße sie eigentlich gehen. Man sieht dies deutlich an den Treppenaufgängen der U-Bahnen. Weil so viele Touristen in der Stadt sind, vermischen sich die korrekten Wege. Das hat jetzt zwar nur am Rande mit den Umgangsformen zu tun, aber auch in diesem Bereich ist Großbritannien nicht mehr so sehr singular und insular.

[Es heißt, in Deutschland werde Höflichkeit immer mehr zum Fremdwort. Eine globale Entwicklung?]

Die Briten sind zwar das einzige Volk, das »Ich« immer groß schreibt. »I« in capital letters. Und trotz dieses ausgeprägten Hangs zum Individualismus hat man dort ein besonderes Gefühl für höfliches, respektvolles Miteinander. Ich meine aber auch, dass diese Eigenschaft in unserer Gesellschaft noch besteht. Die Zahl der ehrenamtlichen Tätigkeiten bei uns ist ja extrem hoch. Da wird viel aufgefangen, was gesellschaftliche Strukturen nicht mehr leisten können, weil sie überbeansprucht sind. Mein Gefühl ist, dass die pessimistischen Aussagen über unser Miteinander gerne überzeichnet werden.

[Als Goethe mal wieder nach Italien aufbrach, hat sein Freund Schiller ihm einen Brief geschrieben, in dem es unter anderem heißt: »Seit Ihrer Abreise mangelt es mir an inspirierender Konversation.« Geht es Ihnen manchmal wie Schiller, im Bekanntenkreis oder unter Kollegen?]

(lacht) Überhaupt nicht. Wir haben zwar immer weniger Zeit für längere Konversationen, aber wenn es an erfüllender Inspiration mal mangeln sollte, helfen ja auch gute Bücher. Da greife ich gerne auf meine Briten zurück. Ich habe gerade einen Dialog nachgelesen zwischen Winston Churchill und George Bernard Shaw. Der Dichter hatte zwei Premierenkarten für sein neues Theaterstück an Churchill geschickt mit der angehängten Notiz: »Bringen Sie doch einen Freund mit, wenn Sie einen haben!« Worauf Churchill ihm zurückschrieb, er habe an dem Premierenabend leider keine Zeit. Shaw möge ihn aber für die nächste Aufführung zwei Karten schicken – wenn es denn eine nächste gäbe ...

Nach der Ordensverleihung an Dieter Kürten treffen sich seine Freunde und früheren Kollegen noch auf der Terrasse vom »Nassauer Hof«. Der Direktor lässt zur Feier des Tages Champagner servieren. Theo Koll bleibt beim Mineralwasser. Das »Politbarometer« verlangt noch nach dem letzten Schliff.

Unterwegs in den Eiswüsten der Erde

Markus Lanz und seine Expeditionen zu Nord- und Südpol | Kämpfen, Durchhalten, Siegen

Im Winter 1911 kam es zu einem dramatischen Wettlauf zwischen dem Norweger Roald Amundsen und dem Engländer Robert Falcon Scott. Zwei Männer und ihre Gefährten riskierten ihr Leben, um als Erste zum Südpol zu gelangen. 100 Jahre danach nahm das ZDF gemeinsam mit dem ORF den Jahrestag zum Anlass, je ein Expeditionsteam auf die Spuren von Amundsen und Scott zu schicken. Unter ihnen war Markus Lanz, der in 15 Tagen eine 400 Kilometer lange Strecke zum Pol zurücklegte. Eine seelische und körperliche Leistung, die zur Biografie des Südtirolers passt: Kämpfen, Durchhalten, Siegen.

[Als ich auf einer Südtirol-Reise das Augustinerkloster Neustift besuchte, erklärte mir eine Fremdenführerin, dass der berühmte Markus Lanz dort einst zur Schule gegangen ist.]

Ist das so?

[Ja, inzwischen sind Sie als Südtiroler ebenso bekannt wie Reinhold Messner, Andreas Hofer und Ötzi. Macht Sie das stolz?]

(lacht) Wir sind ja ein kleines Volk, so etwas wie die Gallier Norditaliens, und insofern erfüllt mich das mit einem gewissen Stolz, ja. Wir mussten im Laufe der Geschichte immer zusammenhalten und uns gegen manche Begehrlichkeiten zur Wehr setzen. Das führt zu einem großen Gemeinschaftsgefühl. Und weil wir nur 300.000 Leute sind, legen die Südtiroler auch so großen Wert darauf, dass ich sie bei »Wetten, dass..?« gesondert begrüße.

[Markus, meine Tochter Julia ist – wie Sie – 1969 geboren. Kürzlich entdeckte ich in ihren dunklen Haaren die ersten silbernen Strähnchen. Auch bei Ihnen zeigt sich leichtes Grau. Oder spiegeln sich nur die Fernsehscheinwerfer?]

(lacht) Die Scheinwerfer! Bei mir ist es der Friseur, der die grauen Strähnchen entdeckt, denn ich schaue mir das Elend schon lange nicht mehr im Spiegel an. Vom Maskenbildner höre ich inzwischen öfter den Satz: »Wollen wir da was machen oder sollen wir es so lassen?« Und ich sage dann immer: »Ja, mach mal bitte was, aber nicht so, dass es auffällt!« Und dann antwortet er immer mit dem wunderbaren Satz: »Wir decken nur leicht ab, es muss natürlich aussehen.« Ich freue mich auf den Tag, an dem ich schön gleichmäßig grau bin. Dann lasse ich das alles so, wie es ist. Ich mag graue Haare, und ich werde auch gerne älter. Aber im Moment würde ich aussehen wie ein Streifenhörnchen – und das ist nicht gut.

[Graue Strähnchen sind ja auch ein Hinweis auf die fortschreitende Lebenszeit.]

Interessanterweise hatte ich mit dreißig ein größeres Problem mit der fortschreitenden Lebenszeit als heute.

In seiner Zeit bei RTL-»Explosiv« ist Markus Lanz schon mal barfuß über Scherben gelaufen, von einer Brücke gesprungen und hat einen sibirischen Tiger gestreichelt. Für das ZDF galt es, sich an einem Wettlauf zum Südpol zu beteiligen, seine bisher größte körperliche Herausforderung. Bereits 2003 hat Lanz eine ähnliche Tour zum Nordpol gemacht. »Eigentlich bin ich damals mehr aus Versehen am Nordpol gelandet«, erinnert er sich. »Ich wollte eine längere Tour in Grönland machen. Einer meiner Freunde, der auch schon mit Arved Fuchs unterwegs war und viele solcher Expeditionen organisiert, rief mich eines Tages an und sagte: »Wir können entweder aufs Inlandeis in Grönland gehen oder direkt zum Nordpol.« Anfangs nahm Lanz das Angebot nicht richtig ernst, aber dann hat er es diszipliniert durchgezogen und sich mit den schweren Schlitten durchs Eis geschleppt. Bis zum Nordpol.

Als 2010 dann die Chance kam, zum Südpol zu marschieren, habe ich sofort ja gesagt. Eiswüsten sind so etwas wie geronnene Ewigkeit, ich finde sie wirklich faszinierend. Du bist ganz auf dich zurückgeworfen, auf ein paar körperliche Fähigkeiten, die du dir hoffentlich vorher erworben hast. Und du musst vier oder fünf Wochen ein Leben ohne Vollkaskoversicherung in Kauf nehmen. Wenn es schiefgeht, kommt keiner und holt dich ab, noch nicht einmal der ADAC. Das ist eine Erfahrung, die man als Mensch in der westlichen Welt – vor allem in unserem behüteten Deutschland – kaum noch machen kann. Alles hier ist abgesichert, und wir geben uns gerne der Illusion hin, dass es ein Leben ohne Risiko gibt. Doch das ist nicht so. Und in so einer Eiswüste kann man das fühlen. Es ist eine existenzielle Erfahrung.

[Frank Elstner hat vor jedem Auftritt entsetzliches Lampenfieber. Dieter Thomas Heck hat sich dagegen schon mal einen Schnaps geleistet. Was tun Sie?]

Ich laufe mir die Stresshormone aus dem Leib. Ausdauersport macht mich ruhig. Außerdem ist eine der Segnungen des Älterwerdens eine gewisse Routine. Als ich beim Fernsehen anfing, wurde mir versichert, dass es nicht um Leben und Tod ginge.

»Ich mag graue Haare, und ich werde auch gerne älter«, bekennt Markus Lanz im Interview. Seit Oktober 2012 moderiert er die Samstagabend-Show »Wetten dass..?« im ZDF.

Doch wenn ich mir die Aufregung rund um »Wetten, dass..?« ansehe, habe ich das Gefühl, das stimmt vielleicht doch nicht. Zumindest tun manche so. Der Druck, der sich mitunter aufbaut, ist enorm.

[Sie haben mal Ursula von der Leyen gefragt, ob es nicht seltsamerweise so sei, dass man im Laufe der Zeit eher dünnhäutiger werde statt dickfelliger. Und sie sagte: »Stimmt, man wird eindeutig dünnhäutiger.« Wie ist das bei Ihnen?]

Es ist genau so. Es ist ein seltsames Wechselspiel. Auf der einen Seite ist man in der Lage, im Laufe der Zeit sehr viel mehr zu relativieren. Auf der anderen Seite wird man dünnhäutiger, wenn das, was da geschrieben wird, schlecht recherchiert oder schlicht falsch ist. Wir sind ja mittlerweile in einer Zeit unterwegs, in der Behauptungen – ob sie nun stimmen oder nicht – irgendwann zur Wahrheit werden, wenn man sie nur oft genug wiederholt. Das ist eine Herausforderung, mit der man umgehen muss. Und dies führt dann zu dieser Dünnhäutigkeit.

[Thomas Gottschalk hat zu Ihnen mal gesagt: »Ich kann schon lange nicht mehr beeinflussen, was über mich geschrieben wird. Aber ich kann beeinflussen, wie ich damit umgehe.« Ist das auch Ihr Credo?]

Genau so ist es. Man muss irgendwann versuchen, eine Haltung dazu zu finden, und sich nur mit Dingen beschäftigen, die fundiert sind, die man ernst nehmen kann. Alles andere muss man irgendwie abschütteln. Dies tut man schlicht und ergreifend dadurch, dass man es einfach ignoriert.

Bevor das Fernsehen seine Stars direkt ins Wohnzimmer lieferte, hatte das Kino die Publikumsgötter in Überlebensgröße auf die Leinwand projiziert. Kein Mensch wäre auf die Idee gekommen, bei einer zufälligen Begegnung mit Curd Jürgens diesen Menschen zu duzen. Wenn Thomas Gottschalk durch Berlin spaziert, ist das anders. Vor lauter Schulterklopfen kommt er kaum voran. Günther Jauch dagegen siezt man, ihn duzen nur Kinder und Thomas Gottschalk, hat er mal gesagt. Wie ist das bei Markus Lanz?

Es kommt immer darauf an, in welcher Weltgegend ich gerade unterwegs bin. In Hamburg wird man gesiezt, in München geduzt, und nur in Köln gibt es Duzen mit Anfassen. Die Kölner sind sehr direkt, aber ich mag das.

[Früher wäre niemand auf die Idee gekommen, auf der Straße einen Herrn Kulenkampff oder einen Herrn Frankenfeld zu duzen.]

Ich finde es aber gut, dass da eine Entspannung stattgefunden hat. Wenn man Thomas Gottschalk automatisch duzt, ist das auch eine Form von Respekt, obwohl das wie ein Widerspruch klingt. Die Leute empfinden ihn als ihren Freund, und den duzen sie eben. Das ist ein Status, den man sich erst mal erarbeiten muss.

Markus Lanz ist inzwischen auf dem Olymp der Fernsehgötter angekommen. Auf Plakaten prangt sein Porträt, der Sender ist mit der öffentlichen Akzeptanz seines Schaffens zufrieden. Doch der Junge aus Südtirol ist nicht mit dem berühmten goldenen Löffel geboren worden. Der Vater starb, als Markus 14 Jahre alt war. Die Mutter stand mit drei Kindern vor dem Nichts, wobei »das Nichts ein Haufen Schulden waren«. Die Familie war kurz davor, zum Sozialfall zu werden. »Es war ein Kampf, der nicht immer schön, aber dennoch wichtig war«, erinnert sich Markus Lanz.

Wer vor einer solchen Herausforderung steht, macht zwei Dinge: Er kämpft. Und er wird hungrig. Und wer Glück hat, so wie wir, der erfährt Solidarität. Wir haben zum Beispiel durch die Familien meines Vaters und meiner Mutter sehr viel Hilfe erfahren, vor allem von einem Bruder meines Vaters, der jetzt leider verstorben ist. Und so etwas vergisst man nicht. In diesen Monaten und Jahren der Finanzkrise lesen wir immer mal wieder diesen einen Satz, der im Grundgesetz steht: »Eigentum verpflichtet.« Der klingt so unspektakulär. Und trotzdem ist er eine Lebensaufgabe. Denn übersetzt heißt er: Wir alle sollten immer wieder so ein bisschen links und rechts gucken. Ab und zu mal gelingt mir das, leider viel zu selten.

[Sie tun dies bestimmt auch vor dem Hintergrund Ihrer christlichen Erziehung. 2005 waren Sie bei der ZDF-Sendung »Gottschalks großer Bibel-Test« der erfolgreichste Teilnehmer. Mit 23 von 28 richtig beantworteten Fragen lagen Sie noch vor dem ZDF-Moderator und evangelischen Theologen Peter Hahne, der 21 Fragen korrekt beantwortete. Gefragt wurde unter anderem nach Aussagen von Jesus und aus der Bibel abgeleiteten Zitaten. Auch Gottschalk bekennt sich zum christlichen Glauben. Fühlen Sie sich in Gottes Hand?]

Endlich am Ziel.
Nach 300 Kilom
und bei 40 Gra
ist Markus Lanz
seiner Expeditic
Südpol angekc

So weit würde ich nicht gehen. Ich glaube zum Beispiel auch nicht an ein Weiterleben nach dem Tod. Und ich beneide Menschen, die das können, weil ich vermute, dass die ein leichteres Leben und vor allem ein leichteres Sterben haben. Ich finde aber diese spirituelle Dimension, die vor mehr als zweitausend Jahren in die Welt kam, unglaublich beeindruckend. Ab und zu mal beschäftige ich mich mit der historischen Figur Jesus. Man weiß, dass zu seinen Lebzeiten noch viele andere Prediger im sogenannten Gelobten Land unterwegs waren. Das hatte mit den verhassten römischen Besatzern zu tun: Die Menschen suchten ihr Heil in der Religion. Wenn Religion nicht missbraucht wird, kann sie in einer Gesellschaft sehr wertvoll sein.

[Haben Sie dazu eigene Erlebnisse?]

Ich habe das oft erlebt, einmal zum Beispiel bei muslimischen Nomaden in Äthiopien, die sich sehr von ihrem Glauben leiten lassen. Ich hatte eine ziemlich teure Kameraausrüstung dabei, und trotzdem wusste ich: Ich kann das ganze Zeug unverschlossen draußen vor der Tür stehen lassen, und es wird nie etwas davon wegkommen. Umgekehrt habe ich erlebt, dass mir in einem guten Hotel in Süddeutschland ein uralter Laptop gestohlen wurde, von einem anderen Gast, der mit Sicherheit nicht ansatzweise die Not der äthiopischen Nomaden litt.

[Gibt es für Sie ein Lebensmotto?]

Ich habe einmal mit Günter Beckstein, der sich viel mit dem Thema beschäftigt, über das Glück gesprochen. Er erzählte mir, dass die Glücksforschung mittlerweile davon ausgeht, dass die Antwort auf die Frage, ob du ein glücklicher oder eher unglücklicher Mensch wirst, schon in deiner DNA angelegt ist. Vielleicht habe ich das auch mitgekriegt, ich bin ein optimistischer Charakter. Für mich ist das Glas immer halb voll. Und wenn nicht, kippe ich nach.

[Sie haben also eine Veranlagung zum Glücklichsein?]

Ja, vielleicht. Und meine Erfahrung ist: Das ist keine Frage des Geldes. Ich habe neulich von einem ehemaligen Erzieher aus dem Internat in Neustift – und da schließt sich jetzt der Kreis – ein paar alte Fotos bekommen. Und es war interessant, diesem jungen Menschen, der ich damals war – irgendwas zwischen elf und dreizehn –, mal ins Gesicht zu schauen. Das waren keine einfachen Zeiten damals, und trotzdem bilde ich mir ein, dass in diesem Gesicht etwas sehr Optimistisches zu sehen ist.

Jener Optimismus und auch das Quäntchen Glück in den Genen haben Markus Lanz durch die Eiswüsten der Erde begleitet, bei 40 Grad Kälte und Windgeschwindigkeiten von 300 Stundenkilometern. Die Götter – so scheint es – sind dem Jungen aus Südtirol wohlgesonnen.

Ein früher Freund der Mainzelmännchen

Intendant Thomas Bellut und sein sicheres Gespür für richtige Entscheidungen | Grünes Licht für die »heute-show«

Zum Abschied wurde es noch ganz lustig. Intendant Markus Schächter ließ »Weck, Worscht un Woi« servieren – das Mainzer Nationalgericht –, als er sich im März 2012 von seinen 3.500 Mitarbeitern verabschiedete. Er hatte während seiner Zeit auf dem Lerchenberg der ZDF-Senderfamilie die Digitalkanäle ZDF*neo*, ZDF*info* und ZDF*kultur* erschlossen. Thomas Bellut setzte dabei als Programmdirektor mit viel strategischem Geschick die Pläne seines Chefs in die Tat um. Nach zehn Jahren im Intendantenamt machte Schächter denn auch den Weg frei für seinen Programmdirektor, der Schächters Konzepte konsolidieren und verteidigen muss, vor allem gegen Attacken aus dem politischen Umfeld.

Kurz nach dem Stabwechsel übernahm Thomas Bellut das Büro im 14. Stock, in dem schon Dieter Stolte zwanzig Jahre residiert hatte. Mit herrlichem Blick auf die Rhein-Main-Ebene und das ZDF-Gelände mit dem Studiotrakt und dem Fernsehgarten. »Ein kleines Königreich«, wie Wolf von Lojewski einst feststellte.

Für Bellut war es kein schwieriger Umzug, saß er doch zehn Jahre lang als Programmdirektor nur ein paar Zimmer weiter. Er weiß, wie das ZDF funktioniert, schließlich hat er es von der Pike auf kennengelernt: 1994 als Volontär, dann als Redakteur des »Länderspiegel«, als Berlin-Korrespondent, als Referent der

Verständnis für Menschliches, aber kein Kumpeltyp: ZDF-Intendant Dr. Thomas Bellut.

Programmdirektion und Verantwortlicher für Sondersendungen und schließlich als Chef der »Hauptredaktion Innenpolitik«.

Mit dem Intendantenwechsel – der übrigens völlig reibungslos über die Bühne ging – müssen Mitarbeiter und Zuschauer keine wesentlichen Umwälzungen erwarten. Thomas Bellut ist fünf Jahre jünger als Schächter, gilt als ein konservativer Journalist mit einer Vorliebe für Wirtschaftsreportagen, zielstrebig, äußerlich gelassen, jedenfalls beherrscht. »Er kennt Rücksichtnahmen, hat auch Verständnis für Menschliches, ein Kumpeltyp ist er nie gewesen«, beschreibt ihn die *Süddeutsche Zeitung*. »Die einen sagen, er sei kühl, pragmatisch, vielleicht nicht sehr eitel, obwohl er auf Äußeres Wert legt und sich für zwei Wochen auf einem Landhof die Fitness und durch eine gesunde Ernährung die Statur für seinen Dienstantritt zugelegt hat.«

Mitarbeiter attestieren ihm ein sicheres Gespür und das Talent, in schwierigen Momenten die richtige Wahl zu treffen. So entschied er blitzschnell, nach dem tragischen Unfall bei »Wetten, dass..?« in Düsseldorf, die Show abzubrechen. In der 30-jährigen Geschichte des Quotenbringers ein einmaliger Vorgang.

Als Thomas Gottschalk aus der Show aussteigen wollte, baute ihm Bellut eine goldene Brücke, bot ihm äquivalente Formate an. Doch der Super-Unterhalter wollte dann doch lieber in eine für ihn konstruierte Vorabend-Show bei der ARD einsteigen.

Thomas Bellut ist der erste Intendant des ZDF, der auch Erfahrungen vor der Kamera hat. Während Karl Holzamer höchstens mal bei der Neujahrsansprache auf dem Bildschirm erschien, hielten sich von Haase, Schächter und Stolte eher zurück. »Was nun ...?« hieß in den 1990er-Jahren die Sendung, die Thomas Bellut gemeinsam mit Chefredakteur Klaus Bresser moderierte und für die Personen des aktuellen Zeitgeschehens ins Studio gebeten wurden. Kritiker attestierten Bellut »analytischen Sachverstand« und die seltene Gabe der Selbstironie. Es passt zu seiner Wesensart, dass er für die populäre »heute-show« und die süffisante Satire-Sendung »Neues aus der Anstalt« nicht nur grünes Licht gab, sondern ihre Macher geradezu ermunterte, sich über das eigene Haus lustig zu machen. In der Ära Holzamer wäre ein solches Unterfangen schlichtweg unmöglich gewesen.

Nach unserem Gespräch muss sich der Intendant weiter einer schwierigen Aufgabe widmen, die ihn im Hause nicht unbedingt beliebter machen wird. Es geht um den drastischen Personalabbau, um Frühverrentungen, Einstellungsstopp und die Reduzierung freier Mitarbeiter. Also aus mit lustig.

[Herr Doktor Bellut, Sie waren acht Jahre alt, als das ZDF startete. Ab wann haben Sie das Programm bewusst wahrgenommen?]

Eigentlich bereits mit seiner Gründung. Wir hatten schon relativ früh einen Fernseher und meine Eltern haben die »heute«-Nachrichten lieber gesehen als die »Tagesschau«.

[Waren Sie als Kind ein Fan der Mainzelmännchen?]

Ganz eindeutig. Für mich war in meiner Jugend das ZDF einfach der schickere Sender, der sich der Unterhaltung mehr geöffnet hatte und moderner dahergekommen ist als die ARD. Deshalb war es schon in der Schulzeit mein Wunsch, da irgendwann zu landen.

[Nach Studium und Promotion haben Sie zunächst für die Westfälischen Nachrichten gearbeitet. Ein empfehlenswerter Einstand für eine Fernsehlaufbahn?]

Absolut. Ich war für die Regionalausgabe Warendorf tätig. Da hat man einen direkten Kontakt zu seinen Lesern. Wenn also irgendetwas nicht ganz gestimmt hat, bekam man unmittelbar eine Reaktion. Ich finde nach wie vor, dass der Kern publizistischer Arbeit die Wahrhaftigkeit zu sein hat. Und diese Tugend lernt man am besten bei der Zeitung. Nach der Promotion war das Volontariat in der Lokalredaktion ein schöner Einstieg in die Realität.

[Da geht es ja auch schon mal um eine Reportage über Kaninchenzüchter?]

Meine erste Reportage war über eine Hengstparade in Warendorf, die zweite war ein Bericht über den Karneval, und von beiden Themen hatte ich keine Ahnung. Das war ein richtig gelungener Einstieg in den Journalismus.

[Sie haben Ihre berufliche Karriere fast ausschließlich innerhalb des ZDF gemacht. Eine gute Voraussetzung für den späteren Chef?]

Ja, man kann das so sehen. Ich hatte gelegentlich auch Angebote, zu wechseln. Aber ich habe mich hier sehr wohlgefühlt, und es ging ja immer weiter auf die nächste Stufe, so dass ich mich nie über Langeweile beklagen konnte. Das Einzige, was mir fehlt: Ich war nie als Korrespondent im Ausland, weil immer irgendeine neue Aufgabe dazwischenkam.

[Ich zitiere aus einem Gespräch, das ich mit Dieter Stolte geführt habe: »Ich kann nicht darüber hinwegsehen, dass die Zeit, in der ich Programmdirektor oder Intendant gewesen bin, zwar eine Zeit des Konkurrenzkampfes war, aber es war in erster Linie ein Wettbewerb zwischen ARD und ZDF. Das blieb immer in der Familie. Jetzt gibt es die Auseinandersetzung zwischen den kommerziell-privaten Sendern und den öffentlich-rechtlichen Programmen, die viel ausgeprägter sind. Heute geht es um Verdrängung, vielleicht sogar um Vernichtung.« Sehen Sie das auch so?]

Verdrängung ist richtig, Vernichtung ist mir zu viel. Es ist ein breiter Markt geworden, mit vielen Anbietern, und es ist schwieriger als früher, mit einem klaren öffentlich-rechtlichen Angebot seine Bedeutung zu erhalten. Es ist durchaus anstrengender, aber ich finde auch reizvoller geworden, da mitzumachen. Ich glaube, dass sich die Chancen in den letzten Jahren auch verbessert haben, weil sich die Privatsender doch immer klarer als Wirtschaftsunternehmen positionieren. Das ist eine große Chance für uns. Ich bin da positiver und optimistischer eingestimmt als Dieter Stolte.

Thomas Bellut ist optimistisch bei seiner Einschätzung über die Zukunft des eigenen Programms, wagt gar eine Prognose für die kommenden zehn Jahre. »Ich glaube, dass das ZDF sich in der Gruppe der Top Vier weiterhin behaupten, aber unser Publikum – wie bei allen großen Sendern – eher etwas kleiner werden wird«, sagt er. Ähnliches passiere gerade in den USA. »Aber weil dann unser Marktanteil in der Top-Gruppe so um die zehn Prozent sein wird, ist es umso wichtiger, dass es die gibt.« Nur die Großen könnten mit ihrer Botschaft viele Menschen erreichen und würden – trotz eines minimalen Schrumpfungsprozesses – immer größer. »Ich bin mir sicher, dass das Publikum, das uns heute schon sehr schätzt, uns noch mehr schätzen wird, weil der gesamte Markt eher unterhaltungsorientierter sein wird«, prophezeit Bellut.

[Nach Gottschalks Abschied von »Wetten, dass..?« hat das ZDF – und speziell Sie persönlich – ihm noch eine goldene Brücke hin zu einer weiteren Zusammenarbeit gebaut. Er hat sie nicht betreten, hat stattdessen mit einem Vorabend-Talk die Nähe der ARD gesucht und ist gescheitert. Ist damit eine langjährige Beziehung beendet?]

Also persönlich nicht. Wir haben ja zehn Jahre einen gemeinsamen Weg beschritten. Aber seine berufliche Entwicklung und seine Äußerungen rund um die Sendung »Super-Talent« ermutigen mich nicht, an einen Neuanfang im ZDF zu denken. Ich will aber nichts ausschließen, man weiß nie, was kommt. Ich bedauere seine Entscheidung. Ich hätte ihn gern behalten, zumal ich glaube, dass wir ein deutlich besseres Konzept für ihn hatten. Aber er wollte den ganz großen Wurf machen, und das ist schiefgegangen.

[Es gilt auch hier der alte Spruch, der früher in die Sofakissen gestickt war: Jeder ist seines Glückes Schmied.]

So ist das. Und es gilt die freie Wahl des Arbeitsplatzes.

Inzwischen hat Markus Lanz die frei gewordene Position auf dem Unterhaltungsdampfer besetzt, der momentan wieder in ruhigerem Fahrwasser unterwegs ist. Was die Akzeptanz des Programms betrifft, muss sich keiner im Hause Sorgen machen. Nach eigenen Angaben ist das ZDF im Jahre 2012 Marktführer gewesen, mit einem Marktanteil von 12,6 Prozent vor RTL und ARD. In der Primetime von 19 bis 23 Uhr sogar mit 15 Prozent, vor der ARD mit 14,5 Prozent und vor RTL mit 11,8 Prozent. Die Digitalkanäle ZDF*neo*, ZDF*info* und ZDF*kultur* kommen auf 1,1 Prozent aller Haushalte.

Trotzdem warten große Herausforderungen auf Thomas Bellut. Es gilt, den Sender im digitalen Wettbewerb weiterzuentwickeln, politischen Gegenwind zu parieren und dabei den Gürtel enger zu schnallen. »Meine Anstrengungen zielen darauf, dass dieses Sparprogramm, das ohne Alternative ist, über längere Jahre gezogen wird«, sagte ZDF-Intendant Thomas Bellut vor Journalisten in Mainz. Bis mindestens 2016 müsse der Sender – auf Druck der Kontrollkommission KEF – 75 Millionen Euro einsparen, das entspreche 400 Vollzeit-Planstellen. Man bemühe sich jedoch, ohne Kündigungen auszukommen.

Karl Holzamer selig hatte andere Probleme. In den Gründerzeiten standen die Tore der Anstalt weit offen, und vor allem frühere Mitarbeiter der ARD nutzten die Chance, in einem neuen Programm bisher vernachlässigte Ideen umzusetzen. Viele aus der Gründergeneration haben nicht nur die ZDF-Welt längst verlassen. Andere erfreuen sich satter Betriebsrenten, die ihnen ein angenehmes Leben gestatten. Nicht nur jede Medaille, sondern auch ein Fernsehunternehmen hat eben seine zwei Seiten.

in memoriam

Solist im Orchester des Lebens

Der große Harry Valérien starb im Schlaf | Kollegen erinnern sich an einen wahren Freund

Die Nachricht von seinem Tod kam überraschend. Zwei Wochen vorher hatte ich ihn noch für dieses Buch befragt. Harry Valérien war auf der Heimfahrt von einem Treffen mit Freunden im Auto eingeschlafen – und nicht mehr erwacht. Stunden später erschien er auf dem Bildschirm, um das Ende seiner Reporterlaufbahn bekanntzugeben. Nach 283 Sendungen war am 23. Juli 1988 Schluss. Kollegen hatten die Szene aus dem Archiv geholt. Für Franz Beckenbauer war er ein »väterlicher Freund« und Kollege Dieter Kürten nannte sein Auftreten »formvollendet im Ton, doch unerbittlich in der Sache«. Beide erinnerten sich in bewegenden Worten an ihren Freund, der im Alter von 88 Jahren gestorben war.

Der Springreiter Gert Wiltfang hat einmal gesagt: »Harry Valérien würde uns nie aufs Kreuz legen wollen, weil er zu viel von sportlicher Fairness versteht.« Fairness war so etwas wie ein Leitwort für das Leben des legendären Sportreporters, der einst bei der ARD seinen Hut nahm, um »anderswo neue Zeichen zu setzen«. Der Intendant des *Bayerischen Rundfunks*, Christian Wallenreiter persönlich, hatte ihm davor ein großzügiges Angebot gemacht: »Sagen Sie, was Sie wollen. Sie kriegen das.«

Fast wortgetreu war das Versprechen, das er beim ZDF erhielt. Harry Valérien suchte sich seine Einsätze bei sportlichen

Großereignissen ebenso aus wie seine gelben Pullover, die bald zu seinem Markenzeichen wurden. Schnell erkannte man in den Mainzer Chefetagen, welches Multitalent man da erobert hatte. Und so behauptete sich Harry Valérien auch schon mal außerhalb seines Ressorts als Sportexperte und moderierte aus der »Alten Oper« in Frankfurt gemeinsam mit Amelie Fried die Talkshow »Live«.

1963 – im Gründungsjahr des ZDF – startete auch das »Aktuelle Sportstudio«. Bis zum heutigen Tage herrscht Unklarheit darüber, wer eigentlich den genialen Einfall zu dieser Sendeform hatte, die noch immer ein Markenzeichen des ZDF ist. »Ich würde lügen, wenn ich eine bestimmte Person nennen könnte«, erinnerte sich Valérien. »Alle zusammen haben wir überlegt, was wir Neues machen können. Und das war dann das Ergebnis. Der Wiener Heribert Meisel war unser erster Moderator.«

25 Jahre lang stand Valérien für das »Sportstudio« vor der Kamera, ließ seine Gäste auf die Torwand schießen, nachdem er sie knallhart befragt hatte. Paul Breitner ließ sich von ihm vor der Kamera für seine Hitzigkeit tadeln – eine inzwischen mehrfach wiederholte Szene auf dem Schirm. Hinter seinem freundlich-bayerischen Idiom verbarg sich die Wissbegier des Journalisten, der auf seine Fragen keine Ausflüchte, sondern nachvollziehbare Antworten erwartete.

1952 hat er erstmals von den Olympischen Winterspielen in Oslo berichtet, damals noch für den *Bayrischen Rundfunk*. Später war er (ausgenommen 1956) bis 1996 bei allen Olympischen Spielen als Kommentator dabei. »Die Spiele in Oslo waren die Geburtsstunde meines eigenen Wirkens«, erinnerte sich Valérien. »Ein Ereignis, auf das ich auch im Nachhinein nie und nimmer verzichten möchte, zumal ich Mitglied eines wunderbaren Teams war, zu dem Rolf Wernicke gehörte, ein Vorzugsjournalist und Meister seines Fachs.«

[Noch heute erinnern sich Zuschauer an deine Vorliebe für gelbe Pullover. Ist Gelb deine Lieblingsfarbe?]

Gelb war sicher eine bevorzugte Farbe. Aber für mein Äußeres war immer die Randi zuständig, sie war die Ideengeberin, hat mir alles hingelegt, was in den Läden war. Und dann habe ich mir das ausgesucht, von dem ich glaubte, dass es zu mir passt.

[Viele der Sportarten, über die du berichtet hast, hast du selbst ausprobiert: Schwimmen, Skifahren, Fußball, Golf. Trägt Sport dazu bei, im Alter fit und gesund zu bleiben?]

Bestimmt. In meinen späteren Jahren habe ich mich allerdings auf Golf verlegt und dabei mein Buch machen dürfen: *Golf – Faszination eines Weltsports.* Da gab es Leute, die meinten, der Harry ist verrückt geworden. 360 Mark für ein Buch. Ich habe ihnen geantwortet: Ihr müsst das Buch erst mal in der Hand halten, um zu merken, was das für ein Wurf geworden ist.

[Von dir stammt der Satz: »Der Sport hat für mich eine selbsterzieherische Bedeutung. Er schafft mir Möglichkeiten fürs Leben.« Welche Möglichkeiten waren das?]

Ich habe wie kein anderer meiner Jugendfreunde die Welt kennenlernen dürfen. Die Sportberichterstattung hat mich als junger Mann so fasziniert, dass ich unbedingt einen Beruf daraus machen wollte. Ich bewarb mich mit tausend anderen um Aufnahme in die Journalistenschule in München. Hundertzwanzig wurden genommen. Ich auch.

Als Harry Valérien 1983 ZDF-Sportchef werden sollte, lehnte er mit der Bemerkung ab: »Ich bleibe lieber Reporter, das sagt mir mehr zu als jede Verwaltung.« Bis zum Ende seines Lebens hielt er es für »die einzige wahre Entscheidung, die zu meinem

Markenzeichen gelber Pullover. Harry Valérien war stets lieber Reporter als Chef der ZDF-Sportredaktion.

Charakter passte«. Wie so oft entschied sein Bauchgefühl. Er wusste, dass zu diesem Job administrative Fähigkeiten gehören und hat sich oft gewundert, wie Hajo Friedrichs, Karl Senne und Dieter Kürten es geschafft haben, die Leitung der Hauptredaktion »Sport« zu übernehmen.

[Hanns Joachim Friedrichs schreibt in seinen Erinnerungen: »Harry Valérien war kein Mann der Clique, er blieb am liebsten allein. Im Dunstkreis der Fernsehmächtigen sah man ihn nie.« Bist du eher der Solist im großen Orchester des Lebens?]

Du hast recht, ich war der Solist. Und ich habe mich in dieser Rolle wohlgefühlt und mich nicht gegen die Decke gestreckt. Das wäre nicht mein Stil gewesen. Ich habe einfach geschaut, wo die wesentlichen Dinge liegen und wie ich ihnen begegnen und wie ich sie sogar meistern kann. Bei alledem war es für andere sicher manchmal nicht leicht, mit mir zurechtzukommen.

[Hat die fernöstliche Philosophie – von der du dich seit Jahren angezogen fühlst – dein Leben sinnvoller gemacht?]

Auf jeden Fall ist es ein Teil des Lebens, das ich lebe und gelebt habe. Ich wandere schon auf einem Pfad, der nicht alltäglich ist. Dadurch habe ich mich leichter einfügen können in eine Welt, die zunächst nicht meine war, aber die meine geworden ist. Ich habe das Glück gehabt, Menschen zu treffen, die wussten, wie man mit Leuten wie dem Harry umgehen kann, ohne dass man sich verbiegt oder etwas tut, das nicht zu dem Charakter passt, zu dem ich mich gehörig fühle.

[Das ZDF wird fünfzig. Ein Grund zum Feiern?]

Ich bin erst einmal riesig überrascht, dass da schon fünfzig Jahre ins Land gegangen sind. Das ist etwas, was ich nicht so schnell begreife. Ich bin ja damals vom *Bayerischen Rundfunk* weggegangen, obwohl die Kollegen sagten: »Der Harry ist verrückt. Beim ZDF kann man ja nichts ernten.« Es war die richtige Entscheidung. Es war der richtige Sender. Und es waren die richtigen Kollegen. Insofern feiere ich gemeinsam mit dem ZDF das 50-jährige Jubiläum.

Die Zeit als Sportreporter beim ZDF bezeichnete Harry Valérien als die schönste Epoche in seinem Leben. Kollegen und Freunde wissen darüber unzählige Anekdoten zu erzählen, so wie Gerlinde Kürten, die Ehefrau von Dieter: »Er freute sich immer über meine Schwarzwälder Kirschtorten, die ich zu Dieters Geburtstag in die Redaktion brachte, und meinte, die müsse man mit dem Löffel essen wegen des vielen Kirschwassers drin.«

Bis zu seinem Tod lebte Harry Valérien gemeinsam mit seiner Frau Randi – einer ehemaligen norwegischen Skiläuferin – in Berg am Starnberger See. Nach einer Rückenoperation war er nicht mehr so gut auf den Füßen, doch im Kopf blieb der fast

Neunzigjährige fit und klar. »Du musst wissen, wo deine Grenzen sind. Und dass du diesen Grenzen widerstehen kannst, ohne dich zu verbiegen«, sagte er mir zum Abschied. Die Familie war immer um ihn – auch zwei Enkelinnen von neun und zehn Jahren. »Die Randi kümmert sich um den Gleichklang der Möglichkeiten«, philosophierte er im Bewusstsein, dass er in ihr die Liebe seines Lebens gefunden hatte. Als er starb, saß sie bei ihm im Auto. Anzeichen für seinen Tod habe es nicht gegeben, erklärte Randi Valérien in einem Zeitungsinterview: »Im Gegenteil. Wir waren in der letzten Woche noch mit unserer Tochter Tanja beim 100. Geburtstag eines Verwandten in Hamburg. Da hat er ein Eishockeyspiel besucht.«

Und noch etwas findet Randi bemerkenswert: Ihr Mann Harry starb etwa an der gleichen Stelle, an der seine Mutter bei einem Autounfall ums Leben gekommen war. Damals war er ein Bub, gerade mal 14 Jahre alt.

Karriere mit karierter Jacke

Peter Frankenfeld war der erste Showmaster des ZDF | 10.000 Bäume für die Nachwelt | Ganz private Erinnerungen

Auf dem Granitblock, der tief in die Erde des Friedhofs im holsteinischen Wedel gegraben ist, prangt seine Unterschrift in Metall gegossen: Peter Frankenfeld. Die Buchstaben wirken wie gestochen, die Initialen besonders schwungvoll gesetzt. So hat Frankenfeld schon immer unterschrieben, auch damals, an einem Tag im Mai im »Frankfurter Hof«. Ich war zwölf Jahre alt, fotografierte und interviewte ihn für die Kinderseite der *Frankfurter Rundschau.* Auf einen Zettel schrieb er: »Für die Leser von Onkel Benjamin. Euer Peter Frankenfeld.«

Am Nachmittag moderierte er einen Bohnerwachswettbewerb in der Festhalle, am nächsten Morgen unterhielt er die Hörer des *Hessischen Rundfunks* mit dem »Frankfurter Wecker«.

In dieser Zeit wohnte Frankenfeld in einer Dachwohnung in der Vogtstraße, eigentlich einer Mansarde. Auf dem Weg dorthin hatte er im Treppenhaus Emailleschilder angebracht mit dem Hinweis »Spucken untersagt« oder »Vor Taschendieben wird gewarnt«. Ich weiß das so genau, weil im ersten Stock meine damalige Freundin Rose-Marie mit ihren Eltern wohnte. Wir haben irgendwann geheiratet, und als Ehepaar lud Frankenfeld uns Äonen später zu seiner Sendung »Sie und Er im Kreuzverhör« ein. Unsere Rivalen waren Harald Juhnke mit Frau Susanne. Um uns ein wenig locker zu machen, ließ Frankenfeld in der Maske Champagner servieren. Ganz nebenbei hat er uns die Aufgaben erklärt, die der Quizmaster uns während der Sendung zu stellen gedachte. So konnten wir uns in Ruhe witzige Pointen überlegen, die besonders schlagfertig rüberkommen sollten. Frankenfeld wusste, dass ein Quizmaster nur so gut sein konnte wie seine Kandidaten. Nichts in seinem Programm wollte er dem Zufall überlassen, selbst die Antworten seiner Gäste nicht. Sein Motto: Spontaneität muss gut überlegt sein.

Der Champagner hatte übrigens eine fatale Wirkung auf Rose-Marie. Statt wie verabredet auf das Stichwort »Historisches Datum« mit dem Begriff »Mondlandung« zu antworten, sagte sie prompt: »Drei, drei, drei, bei Issos Keilerei.«

Wir haben den Hauptpreis dann auch glücklicherweise knapp verfehlt: Eine Original-Schweizer-Kuhglocke, die später wohl im Wohnzimmer der Juhnkes landete. Bei Rotwein und einer französischen Käseplatte feierten wir später gemeinsam mit Peter Frankenfeld unseren Erfolg. Damals war ich längst mit ihm per »Du«. Wir hatten ja im ZDF den gleichen Arbeitgeber; er schoss bei »Vergissmeinnicht« Windrädchen ins Publikum und ich präsentierte James Last in der »Starparade«.

Es sind vor allem diese ganz privaten Begegnungen, die mir zur Biografie Frankenfelds einfallen. Er war ein begnadeter Komödiant, ein Zauberer und Clown, einer, der mit einer karierten Jacke daherkam und bei allem Witz ernst genommen werden wollte.

Berlinerisch-jovial machte er sich schon mal über seine Kandidaten lustig, anders als sein ewiger »Rivale« Hans-Joachim Kulenkampff, ein Herr, der ohne großes Probieren in seine Sendung ging, der keinen Gag-Autor hatte und seine Pointen aus dem Ärmel schüttelte. Doch auch er handelte nach dem Motto: Wenn du was aus dem Ärmel schütteln willst, musst du es vorher hineingetan haben. Frankenfeld und Kulenkampff waren keine Feinde, ja noch nicht einmal Kontrahenten. Sie waren halt zur gleichen Zeit am gleichen Ort. Und der hieß: Fernsehunterhaltung. Im *Hessischen Rundfunk* haben sie lange vor ihrer Bildschirmkarriere in einer Radio-Reihe gemeinsam vor dem Mikrofon geplaudert. Da mögen sie hinterher schon mal ein Bier zusammen getrunken haben, doch sonst konnten sie wenig miteinander anfangen. Obwohl ihre Biografien sich glichen. Beide kamen lädiert aus dem Krieg, Kuli mit erfrorenen Zehen, Frankenfeld direkt aus einem Strafbataillon, wohin man ihn wegen seiner frechen Schnauze gesteckt hatte. Frankenfeld landete in amerikanischer Gefangenschaft, zeigte Kartentricks im Offiziersclub und ging als Zauberkünstler zum Zirkus. Kulenkampff war Schauspieler im Frankfurter »Theater im Zoo« und wurde dort als Plaudertasche für »Bunte Nachmittage« von *Radio Frankfurt* entdeckt.

Es passt. Theater und Zirkus sind die Vorfahren des heutigen Fernsehens.

Als die beiden Altvorderen in den Ring stiegen, standen die meisten Fernsehapparate noch in den Schaufenstern der Elektrogeschäfte. Ein solches Ding war teuer, nahm viel Platz weg und zog Staub an. Wenn einer eine Glotze hatte, nahm er nicht selten Eintrittsgeld von seinen Nachbarn. Dafür saßen sie dann um den Bildschirm, sahen Shows wie Kulenkampffs »Wer gegen wen?« oder Frankenfelds »Viel Vergnügen«, »1:0 für Sie« oder eben »Vergissmeinnicht«, für die er die Sondermarken der Deutschen Bundespost erfand. Viel später – und dann schon in Farbe – kam Frankenfeld mit »Musik ist Trumpf« ins deutsche Wohnzimmer. Irgendwann tauschte er die karierte Jacke gegen den Smoking.

Privat war Peter ein eigenwilliger Gastgeber. Bevor wir sein Refugium in Wedel betreten durften, zogen wir am frühen Vormittag erst einmal in seine Privatkneipe nebenan, authentisch möbliert mit Stammtisch, Zapfhahn und Theke. Nach ein paar Bierchen bestaunten wir eine aus 15.000 Bierdeckeln beste-

Kein Gag! Walter Spahrbier war der echte Briefträger der Frankenfelds in Wedel. Peter holte ihn für seine Show »1:0 für Sie« und später für »Vergissmeinnicht« als Glücksbote vor die Kamera.

hende Sammlung und im parkähnlichen Garten eine Mini-Eisenbahn, deren Gleise das Grundstück weiträumig durchzogen. Später landeten wir in Peters Bastelstube, ein mit perfekter Technik ausgestattetem Tonstudio. Tausende von Radiosketchen standen auf 38er-Spulen archiviert in den Regalen.

Und während wir so durchs Haus zogen, staunend und immer wieder Beifall spendend, schnupperten wir aus allen Ecken köstlich-würzigen Bratenduft. »Lonny bastelt an einer Heidschnucke«, erklärte Frankenfeld so nebenbei. Wir konnten uns also auf ein anschließendes Mittagessen freuen. Doch als wir zu guter Letzt auch dem opulent ausgestatteten Weinkeller unseren Tribut gezollt hatten, wurden wir ziemlich abrupt an der Haustür verabschiedet. Noch am Gartentor hatte ich den Bratenduft in der Nase. Sollten wir wirklich hungrig wieder abziehen, nachdem wir so viel von der Gastfreundschaft des Duos Peter und Lonny hatten läuten hören? Zumal der Hausherr auch bei seinen Freunden als begnadeter Hobby-Koch gehandelt wurde.

Als wir schon ins Auto stiegen, rief Frankenfeld über die Straße hinweg: »Der Schnuckenbraten, ihr habt den Schnuckenbraten vergessen!« In der Bauernstube war der Tisch wohlfeil gedeckt, und aus dem Nachmittag in Wedel ist dann doch noch ein recht später Abend geworden.

Aus Frankenfelds Pionierzeit ist in den ZDF-Archiven nicht viel zu entdecken. Obwohl es seit 1955 technisch möglich gewesen wäre, Live-Sendungen aufzuzeichnen und für eine halbe Ewigkeit aufzubewahren, hat man damals an die Nachwelt keinen Gedanken verschwendet. So gibt es weder von Frankenfelds ersten Entertainer-Jahren irgendwelche Magnetbänder, auch von dem legendären WM-Fußballendspiel Deutschland gegen Ungarn in Bern existiert keine Aufzeichnung. Die wenigen erhalten gebliebenen Szenen aus dem 1954 live übertragenen Weltmeister-Triumph verdanken wir den Archiven der Wochenschauen.

Am Ende ihres Lebens vereint ein ähnliches Schicksal die Pioniere der Fernsehunterhaltung. Weder Kulenkampff noch Frankenfeld oder Thoelke sind mit Glanz und Gloria abgetreten, haben ihren Nachruhm in aller Stille genossen und den lieben Gott einen guten Mann sein lassen.

Kulenkampffs Grab in dem österreichischen Bauerndorf Frauenstein büßt seine Wirkung als Wallfahrtsstätte für deutsche Touristen von Jahr zu Jahr mehr ein. Die Wirtin vom Gasthof »Federlehner«, direkt neben der Kirche, spürt das besonders. »Kuli« war einst bei ihr Stammgast, mit ihm wirbt sie noch immer. Doch »wer ist Kuli?«, fragen die jungen Gäste.

An Peter Frankenfeld denken zumindest an heißen Sommertagen die Bürger von Wedel, das hinter Blankenese liegt und nur nicht so schick ist. Der Showmaster hat der Gemeinde einst 10.000 Bäume gestiftet, die inzwischen kühlen Schatten spenden. Wie einst Herr von Ribbeck auf Ribbeck im Havelland mit seinem Birnbaum, so hat sich auch Peter Frankenfeld mit seiner Pflanzaktion ein Denkmal gesetzt.

Goldgräber und Glücksritter

Wim Thoelke war von Anfang an dabei | Vom »Aktuellen Sportstudio« zum »Großen Preis«

Auf dem Grab von Wim Thoelke liegt ein schwerer Stein mit den Initialen »W.T.« und den Eckdaten seiner Biografie: 1927–1995. Hier hat »Big Wim« seine letzte Ruhe gefunden, auf dem Friedhof in Engenhahn im Taunus, ein wenig versteckt auf dem großen Gelände. In einem Ein-Personen-Grab.

Mir fällt dazu die alte römische Weisheit ein: »sic transit gloria mundi – so vergeht die Herrlichkeit der Welt«. Wochen vorher hatte ich ihn noch besucht. Er saß hinter seinem Schreibtisch, dunkle Tannen im Garten verwehrten dem kleinen Arbeitszimmer das Licht des Tages. Der einst so kräftige Mann war schmal geworden. Jahrzehnte vorher habe ich ihn in einer ähnlichen Pose erlebt. Da saß er an seinem Schreibtisch in der provisorischen ZDF-Sendezentrale in Eschborn, die Hände vor sich gefaltet, den Kopf voller Pläne. »Er war der Häuptling, wir die Indianer, und zusammen waren wir ein ziemlich starker Haufen«, erinnert sich Dieter Kürten. »In diesen turbulenten Zeiten fühlten wir uns wie Goldgräber, wie Glücksritter.«

An diesem Nachmittag in Engenhahn lässt Wim sein Leben paradieren. Er scheint mir melancholisch, aber hellwach. Wir sprechen vom Richtfest für das Haus in Wehen, in dem er jetzt lebt, von den Tannen, die inzwischen alles überragen. Vom Prominenten-Fußball-Match, das damals die Feierlichkeiten krönte. Inzwischen war Thoelke pensioniert, der Abschied vom Lerchenberg war nicht ohne Schmerzen verlaufen. Wim Thoelke, der Superstar, hatte nie den Sender gewechselt, sein Leben war dem ZDF geweiht wie der Knappe seinem Ritter. Nach Jahren im »Aktuellen Sportstudio« wechselte er das Genre, stieg ein in den großen Show-Abend mit »Drei mal Neun«, mit Wum und Wendelin und an der Seite von Max Greger. Dann »Der große Preis«. In beiden Formaten warb Wim für die »Aktion Sorgenkind«. Peter Gerlach, der Unterhaltungschef, hat ihn mal einen »Virtuosen des Normalen« genannt, einer, der sich über die Konventionen des Routinebetriebs spielerisch hinwegzusetzen verstand.

»Er war dann der Erste, dem man beim Sterben beinahe zuschauen konnte«, schrieb der *Tagesspiegel*. Nach einer dreifachen Bypass-Operation moderierte er – abgemagert und im Sitzen – die 200. Folge von »Der große Preis«. Auf diesem Weg wollten ihm die Zuschauer nicht folgen. Das ZDF trennte sich von seinem Star und ersetzte ihn durch den deutlich älteren Show-Barden Hans-Joachim Kulenkampff, der sich bei der ARD nach seiner »EWG« längst auf das Altenteil zurückgezogen hatte. »Kuli« konnte die Show nicht retten, das einst so muntere Zirkuspferd hatte sich vergaloppiert.

Wim Thoelke müssen die Grabenkämpfe um seine Person zutiefst verletzt haben. Mit letzter Kraft schrieb er seine Autobiografie, ein Enthüllungsbuch, in dem er mit Vorwürfen gegen seinen ehemaligen Arbeitgeber aufwartete. Als diese sich nicht belegen ließen, zog er sich zurück. Bald darauf starb er.

Was war das für ein Leben, das in so unruhigen Zeiten begann? Der Vater war Oberstudiendirektor, in der ganzen Familie gab es nur einen Künstler: Großvater väterlicherseits war Militärtrompeter. Als 16-Jähriger, der Krieg war fast vorbei, wird Wim Luftwaffenhelfer. Von einer Granate verletzt, kommt er in ein Schweriner Lazarett, aus dem er vor den Russen flüchtet. Er arbeitet im Hamburger Hafen, studiert ein wenig Jura, wird Geschäftsführer des Deutschen Handballbundes und ist nicht

Rainer Holbe sp
in einem Sketch
für Wim Thoelke
»Der große Prei
einen Beefeater
mit seinen Kam
den den Londo
Tower bewacht

lange Angestellter einer Fluggesellschaft. In seiner Freizeit versucht er sich als Sportreporter für das Radio und wird hellhörig, als die Trompeten des ZDF erschallen.

Von Anfang an steht Wim Thoelke in den Seilen, verliest die »heute«-Nachrichten, verdingt sich in der Sportredaktion und wagt Jahrzehnte später den schon beschriebenen Sprung ins große Schaugeschäft.

Die Zeitschrift *TV Hören und Sehen* schreibt über ihn: »Der große Wilhelm aus dem Kohlenpott strahlt die Anziehungskraft eines Bernhardiners aus. Man ist spontan geneigt, ihm den dicken Kopf zu kraulen, und wundert sich, dass ihm statt des Rumfässchens ein Mikrofon vor der Brust baumelt.« In seinem Buch *Drei unten, drei oben* erinnert sich Dieter Kürten an den früheren Chef:

»Thoelke konnte auch ein harter Hund sein, knurrig und abweisend, dabei launisch und störrisch wie ein Esel.«

Eine seiner gefürchtetsten Angewohnheiten sei es gewesen, mit seinem dicken grünen Stift durch ein sendefertiges Manuskript zu furchen und an Formulierungen herumzufummeln. Gefragt, was denn einen guten Showmaster ausmachen sollte, sagte »Big Wim« einmal: »Die beste Kombination für einen solchen Job ist ein sagenhaftes Fell und die Sensibilität einer Operndiva.«

»Irgendwann ist eben Ende«

Hanns Joachim Friedrichs war einer der ganz Großen im Fernsehen | Abschied auf der Titelseite des *Spiegel*

Noch lange nach seinem Tod profitieren junge Journalisten vom Wirken des Hanns Joachim Friedrichs. Jedes Jahr werden unter seinem Namen Preise für mutigen Nachwuchs verliehen, ausgewählt von einer Jury aus Spitzen-Publizisten und dotiert mit Beträgen zwischen 2.500 und 5.000 Euro. Friedrichs taugt noch heute zum Vorbild. Bei der BBC wurde er mit einer der wichtigsten Maximen dieses Berufes konfrontiert, die er immer gerne zitierte: »Mache dich niemals gemein mit einer Sache und sei sie auch noch so edel.«

»Anfang der siebziger Jahre beschlossen zwei der Sportstudio-Moderatoren, sich zu verändern«, erinnerte sich Friedrichs in seiner Autobiografie *Journalistenleben.* »Wim Thoelke stellte mit dem ›Großen Preis‹ eine eigene Unterhaltungssendung auf die Beine, und Rainer Günzler geriet durch eine angenehme, private Beziehung in die Lage, sich ganz seiner Begeisterung für den Motorsport hingeben zu können.«

Mit anderen Worten: Günzler verbandelte sich mit einer Dame, einer guten Partie. Zurück blieben die Veteranen Dieter Kürten, Werner Schneider und Harry Valérien, die händeringend nach neuen Kollegen Ausschau hielten. Gast-Moderatoren sollten es erst einmal sein. Die Wahl fiel auf den Kulturjournalisten Walter Schmieding, der als Kind des Ruhrgebiets viel vom Fußball verstand, und auf Hanns Joachim Friedrichs, der als politischer Redakteur regelmäßig den Sportteil der Zeitungen studierte. 1964 war er von der ARD zum ZDF gewechselt, ging als Korrespondent nach Washington, berichtete vom Krieg in Vietnam und kehrte als »heute«-Moderator zurück auf den Lerchenberg.

Immerhin besaß Hajo – wie ihn die Kollegen nannten – so viel Selbstvertrauen, um fünfundsiebzig Minuten live, ohne Probe, ohne Manuskript und über eine Sache, von der er nicht viel Ahnung hatte, vor die Kamera zu treten.

Später erinnerte er sich nur noch, dass er nach dem Vorspann den albernen Satz sagte: »Was neu ist im ›Aktuellen Sportstudio‹, das steht vor Ihnen – Pause – auf dieser Litfaßsäule.« Darauf stand das Programm des Abends; Gast war der ungarische Fußballtrainer Gyula Lorant.

Nachdem Schmieding nach ein paar Runden in der Sportarena wieder zur ihm angestammten Kultur zurückkehrte, fielen Friedrichs Auftritte als Sport-Moderator und später im Olympiateam des ZDF 1972 so überzeugend aus, dass er sich für höhere Aufgaben geradezu empfahl. Als im Frühjahr 1973 Hauptredaktionsleiter Willi Krämer zum obersten Sportbeauftragten des ZDF berufen wurde und seine Stelle frei geworden war, schlug Chefredakteur Rudolf Woller zu. Friedrichs, der gerade auf Reportagereise in Saigon war, erhielt ein Telegramm mit der Bitte, sofort nach Hause zu kommen. Woller – Mitglied der CDU – bot Hanns Joachim Friedrichs – Mitglied der SPD – die Leitung der Hauptabteilung »Sport« an.

Eigentlich saß Friedrichs bereits auf gepackten Koffern, hatte er sich doch entschlossen, als Korrespondent für das ZDF nach Rom zu gehen. Ein Traumjob. Doch das neue Angebot reizte den Einzelkämpfer. Er nahm die Herausforderung an, nachdem sich auch Valérien, Kürten, Günzler und Thoelke für den Nicht-Sportler ausgesprochen hatten. »Es gibt in jeder Redaktion – und nicht nur bei Sportlern – so viele Fachidioten, dass der Chef

Ein Spaß für die
Fotografen: Die
Matadoren des
Sportstudios, H
Joachim Friedri
(liegend) und D
Kürten, die gem
sam mit ihren K
gen eine noch h
gültige Marke d
ZDF-Programm
etabliert haben.

nicht auch noch aus diesen Reihen stammen muss«, hat Big-Wim-Thoelke nach den Erinnerungen von Dieter Kürten den Schachzug kommentiert. Die Redaktion jedoch blieb skeptisch. Zu Friedrichs Amtseinführung erschienen die Mitarbeiter in Trauerkleidung im Konferenzsaal.

»Es mag schon sein, dass der eine oder andere an diesem Tag eine persönliche Hoffnung zu Grabe getragen hat«, erinnerte sich Friedrichs. Nun war er also beim Sport, ein halber Bürokrat, ein Mini-Manager mit Aufgaben, auf die er sich nicht vorbereitet hatte. Es galt, einen Millionen-Etat zu verwalten, über Sportrechte zu verhandeln, Dienstpläne aufzustellen, Beurteilungen zu verfassen und Konferenzen zu leiten. »Es sieht nach Karriere aus, schmeckt nach Macht und stärkt manchem deshalb das Selbstwertgefühl«, erinnerte sich Friedrichs in seiner Autobiografie. »Ich hatte bis zum Schluss Probleme damit.«

Wann immer es möglich war, überließ er die Verwaltungsarbeit seinem Stellvertreter Alfons Spiegel, der acht Jahre später auch sein Nachfolger werden sollte. Friedrichs gab dem Sportstudio eine neue Farbe, fachsimpelte mit Innenminister Hans-

Dietrich Genscher, Alice Schwarzer und Heiner Geißler über Fußball. Bundeskanzler Willy Brandt brachte seinen Sohn Matthias mit, der zwei Mal souverän die Torwand bediente. Noch heute wird die Szene wiederholt, wenn der inzwischen zum gefragten Schauspieler avancierte Matthias Brandt wieder einmal in einer Talkshow zu Gast ist.

Den einzig nennenswerten Fehler beging Friedrichs, als er die Torwand im Studio abschaffte. »Ich dachte, alle Möglichkeiten, während der endlosen Ball-Auflege-Pausen einen halbwegs intelligenten Satz zu sagen, hätten sich im Lauf der Jahre erschöpft«, kommentierte er rückblickend. Doch dann beugte er sich den Zuschauerprotesten und ließ das von ihm ungeliebte Requisit wieder aufstellen.

Der Porsche-Fahrer Friedrichs, der Golf und Tennis spielt, Thomas Mann und Robert Musil liest, wird bald Super-Star der Mainzer Fernsehmacher. »Weiche Stimme, kritisch-lustige Augen, ein Schimmer von Schläfengrau – da muss Zärtlichkeit unterwegs sein«, schrieb die *Süddeutsche.*

Stets war Hajo Friedrichs ein angenehmer Gesprächspartner und neidloser Kollege, als wir mit den ZDF-»Ortsgesprächen« durch die Lande zogen. Und schon vorher im privaten Rahmen, als ich sein Gast in der komfortablen Schloss-Remise von Georgenborn gewesen bin. Damals war er mit Adele verheiratet, einer äußerst angenehmen Erscheinung, die in New York als Fotomodell von Atelier zu Atelier zu schweben pflegte.

Anfang der 1980er-Jahre ging Friedrichs als Leiter des ZDF-Studios nach New York und etablierte von dort aus mit »Bilder aus Amerika« ein unterhaltsam-aktuelles Magazin. Nur zwei Jahre vor seinem sechzigsten Geburtstag erhielt er einen Ruf aus Hamburg, dem er nur allzu gerne folgte. Hanns Joachim Friedrichs wurde Anchorman der ARD-»Tagesthemen«. Schon bald fand er seinen ureigenen Stil. Der offiziellen Nachrichtensprache setzte er lakonische Verkürzungen, Ironie und tiefere Bedeutung entgegen. Gut in Erinnerung sind Friedrichs Moderationen am Tag, als in Berlin die Mauer fiel, und sein Interview mit dem afghanischen KP-Chef Nadschibullah, dessen abstruse Antworten völlig an den gestellten Fragen vorbeigegangen waren.

Drei Jahre blieb Friedrichs bei den »Tagesthemen«. Dann öffneten sich eines Tages die eisernen Studioportale, und herein kamen die Kollegen der Redaktion, um Lebewohl zu sagen, Blumen zu schenken und Glück zu wünschen. Der Mann hatte das Pensionsalter erreicht, damit geht man bei ARD und ZDF genau so konsequent um wie im nächstgelegenen Finanzamt-Mitte. »Was ich schon lange vor meinem Abschied ahnte, hat sich bestätigt: Ein sinnvolles Leben ist auch ohne Fernsehen möglich«, schreibt »Hajo« in seinem Buch. Doch so ganz ohne Kamera und Mikrofon ging es dann doch nicht. Als freier Mitarbeiter moderierte Friedrichs später die ZDF-Dokumentationsreihe »Wunderbare Welt«, die mit einer grünen Botschaft aufwartete: »Wenn der Mensch so weitermacht, dann kriegt er die Welt kaputt!«

Während der Buchmesse im Herbst 1994 traf ich Hajo Friedrichs ein letztes Mal beim Empfang eines Verlages. Er kam mit Ulrich Wickert, trank ein paar Gläser und rauchte einige seiner geliebten Zigaretten. Schon damals muss er sehr krank gewesen sein. Angemerkt hat es ihm niemand. Am 27. März 1995 erschien *Der Spiegel* mit einer für mich total überraschenden Titelgeschichte. Vor dem Porträt Friedrichs prangte die Zeile: »Irgendwann ist eben Ende«. In einem der typischen *Spiegel*-Gespräche äußerte er sich – schwer erkrankt – zu Themen wie Journalismus, Leben und Tod.

Im Dezember 1994 war er vom Arzt mit der Diagnose konfrontiert worden: »Sie haben Krebs, und das hat Folgen.« Gefragt, ob er denn vorher schon über Krebs nachgedacht habe, antwortete Friedrichs im Interview: »Ja, das tut jeder Raucher!«

Als Moderator der Reihe »Wunderbare Welt« kehrte Hanns Joachim Friedrichs zum ZDF zurück. Für die Schätze aus dem Archiv der *National Geographic Society* fand sich ein Millionenpublikum.

Nachdem er den *Spiegel*-Kollegen ausführlich über seine Zeit in Vietnam berichtet hatte, über seine Interviews mit Helmut Schmidt und Maria Callas, schimmerte bei dem Schwerkranken ein wenig Hoffnung durch: »Vielleicht gibt es aber doch irgendein Leben nach dem Tod?«

Eine Titelgeschichte über sich im *Spiegel* zu lesen – mehr kann sich ein Journalist nicht wünschen. Das Heft erschien – wie stets – an einem Montag. Einen Tag später starb Hanns Joachim Friedrichs in Hamburg im Kreis seiner Familie. Er wurde 68 Jahre alt.

Auf der Jagd nach Bösewichtern

Eduard Zimmermann gelang mit »Aktenzeichen XY« ein Quotenhit | Als Häftling im Zuchthaus von Bautzen

Es ist ein dunkler Herbsttag, jener 20. Oktober 1967. Im ZDF-Sendezentrum »Unter den Eichen« in Wiesbaden haben sich ein paar Journalisten zur Premiere eines neuen Fernsehformats versammelt. Sie wollen dabei sein, wenn einer ihrer Kollegen zur Hatz auf Bösewichter bläst. Eduard Zimmermann, der bereits in der Vorabend-Serie »Vorsicht, Falle!« vor Betrügern, Trickdieben und Schwindelfirmen warnt, startet mit »Aktenzeichen XY ungelöst« eine Sendereihe, die – inzwischen von Rudi Cerne moderiert – den Mainzern noch immer gute Quoten beschert. Und was im Sinne des Gründervaters sein dürfte: Fast die Hälfte der vorgestellten Fälle werden gelöst, die Täter gefasst und rechtmäßig verurteilt.

Zimmermann sitzt an seinem Pult und kündigt ein paar Filmschnipsel an, in denen Schauspieler Ganoven und Opfer mimen. Danach treten echte Polizisten auf, die im Gespräch mit dem Moderator um Mithilfe bei der Aufklärung der vorgestellten Fälle bitten. »Eduard Zimmermann schaut dabei so sauertöpfisch drein, als sei er selbst bestohlen worden«, wird ein Kollege später schreiben. Und er verleiht dem Mann auf dem Bildschirm auch gleich einen Spitznamen: »Ganoven-Ede«.

An diesem Abend weiß Zimmermann noch nichts von diesem Etikett. Gespannt warten wir mit ihm zusammen auf erste

Rückmeldungen, die von einem Experten-Team entgegengenommen werden. Spät am Abend kann er in einem Nachschlag auf dem Bildschirm einen ersten Erfolg melden: In einer Pension wird ein lang gesuchter Betrüger festgenommen. Die Wirtin hat die Sendung gesehen und den Mann als einen ihrer Gäste identifiziert. Im Studio knallen keine Sektkorken, dazu ist Zimmermann zu sparsam. Dafür klopft ihm sein Redakteur Harald Müller aufmunternd auf die Schulter. Für Müller ist es der erste Einsatz für das ZDF, nachdem er gerade bei einem Stuttgarter Kabarett ausgestiegen ist. Später wird er Produktionen wie Frankenfelds »Musik ist Trumpf« und die »Peter-Alexander-Show« betreuen.

Auch Eduard Zimmermann macht bei den Mainzelmännchen Karriere. Alle vier Wochen begleiten ihn über 30 Millionen Deutsche, Österreicher und Schweizer auf der Ganovenjagd, die Einspielfilme werden professioneller, und immer mehr Kriminalisten vertrauen ihm ungelöste Fälle an. Natürlich gibt es auch Kritik. Zimmermann fordere zum Denunziantentum auf, schreiben Zeitungen. Der *Stern* moniert: »Er will eine spannende Sendung machen, dazu braucht er Halunken. Er bekämpft, wovon er lebt. Er macht eine Schau mit dem passenden Gesicht dazu.« Und die *Süddeutsche* sekundiert: »Zimmermann verfolgt das Verbrechen auf Straßenniveau: Es kann jedem passieren – das macht es so mulmig.«

Zimmermann & Co. war ein Familienunternehmen. In seinem Haus am Stadtrand von Mainz beschäftigte er einen neunköpfigen Stab von Drehbuchautoren, Redakteuren und ehemaligen Kripoleuten.

Tochter Sabine war bereits dabei, die später zur Co-Moderatorin aufstieg und die Produktionsleitung übernahm. Ehefrau Rosmarie sorgte dafür, dass ihr Ede nicht abhob. Angst vor Racheakten der in der Sendung gesuchten Ganoven hatte die

Der Journalist E
Zimmermann en
wickelte mit der
dung »Aktenzei
XY ungelöst« ei
Dauerbrenner, d
noch immer im Z
Programm für h
Einschaltquoten
sorgt.

Familie keine, wohl auch dank der polizeilich ausgebildeten Schäferhündin »Anka«, die das Anwesen bewachte. »Hunde sind besser als jede Alarmanlage«, hat mir Eduard Zimmermann einmal geraten, dem ich im Laufe seiner Dienstjahre privat ein wenig nähergekommen war.

So sauertöpfisch wie er beschrieben wurde, war er nie. Er konnte ziemlich entspannt sein, besonders bei einem bayerischen Schweinebraten mit Knödeln und einer dazu passenden Maß. Das mag an seinem Geburtsort München liegen. Die Mutter war Kellnerin in einem Gasthaus, als Zehnjähriger hat Eduard dort schon serviert. In der Nachkriegszeit landete der Junge – der eigentlich Vermessungsingenieur werden wollte – in Magdeburg, trieb sich erfolgreich als Schwarzmarkthändler in Hamburg herum, verdingte sich beim Zirkus und wanderte mit falschen Papieren in Schweden ein. Bei der Zeitung *Dagens Nyheter* heuerte Zimmermann als Reporter an, reiste in die Sowjetunion, wurde prompt verhaftet und wegen Spionage zu 25 Jahren Arbeitslager verurteilt.

Als politischer Häftling saß Eduard Zimmermann mehrere Jahre in den Zuchthäusern von Bautzen und Brandenburg, bis er amnestiert und in die Bundesrepublik abgeschoben wurde.

»Seitdem beherrsche ich die Sprache der Ganoven«, sagte er einmal. In Hamburg arbeitete er für den NDR, bevor er 1962 vom ZDF fest angestellt wurde, zwei Jahre später jedoch eine Position als freier Mitarbeiter vorzog. In dieser Zeit entwickelte er »Vorsicht, Falle« und jene »XY«-TV-Jagd, die ihn berühmt machen sollte. Bis zur 300. Sendung, die er im Oktober 1997 moderierte, führte sein Engagement zur Festnahme von 568 Mördern, 579 Räubern, 459 Betrügern und 142 Einbrechern.

Die Kriminalpolizei schätzte Zimmermanns Wirken, so dass sie ihn als einzigen Journalisten in eine Experten-Kommission berief, welche die Reformvorschläge für das Bundeskriminalamt ausarbeitete. 1998 erhielt er das Große Bundesverdienstkreuz für die Organisation »Weißer Ring«, die er gemeinsam mit dem Nürnberger Oberstaatsanwalt Hans Sachs gegründet hatte und die Opfer von Verbrechen juristisch berät und finanziell unterstützt.

Eduard Zimmermann starb im Alter von 80 Jahren in einer Münchner Seniorenresidenz. »Mein Vater hat immer selbstbestimmt gelebt und in den letzten Stunden deutlich gezeigt, dass es jetzt gut und der richtige Zeitpunkt gekommen war«, erklärte seine Tochter Sabine der *Süddeutschen Zeitung*. Bis kurz vor seinem Tod sei er »zu jeder Minute mit seinem Leben zufrieden« gewesen. Gemeinsam mit seiner Frau Rosmarie ist Eduard Zimmermann auf dem Münchner Nordfriedhof begraben. Auf der Stele, die beider Namen trägt, führt eine Treppe hinauf zu einer Tür, die einen Spalt breit geöffnet ist.

Die ZDF-Chronik

1961

6. Juni: Nach einem entsprechenden Urteil des Bundesverfassungsgerichts in Karlsruhe wird der Staatsvertrag über die Errichtung der Anstalt des öffentlichen Rechts *Zweites Deutsches Fernsehen* von den Ministerpräsidenten der Bundesländer unterzeichnet.

1962

12. März: Der Fernsehrat wählt Professor Dr. Karl Holzamer zum ersten Intendanten. Er leitet das ZDF bis zum 14. März 1977.

1963

1. April 1963: Intendant Karl Holzamer eröffnet aus dem Sendezentrum in Eschborn am Taunus das Programm.

1964

25. Juni: Das ZDF erwirbt von der Stadt Mainz das Gelände für das Sendezentrum auf dem Lerchenberg.

1967

25. August: Auf der Funkausstellung in Berlin startet der Regierende Bürgermeister Willy Brandt per Knopfdruck das Farbfernsehen in Deutschland.

1973

1. Oktober: Beginn des neuen Programmschemas mit »heute« um 19 Uhr.

1974

26. März: Das neue ZDF-Sendezentrum in Mainz wird eröffnet. Die Chefredaktion, Teile der Produktion und Technik bleiben noch in der Sendezentrale Wiesbaden.

1977

12. März: Karl-Günther von Hase wird neuer Intendant und leitet das ZDF bis zum 14. März 1982.

1980

1. Juni: Mit einer gemeinsamen Redaktion in Berlin beginnen ZDF und ARD ihren Videotext-Feldversuch.

1981

2. Januar: Beginn des gemeinsamen ZDF / ARD-Vormittagsprogramms.
20. November: Prof. Dr. Dieter Stolte wird zum Intendanten gewählt. Er leitet das ZDF vom 15. März 1982 an zwanzig Jahre lang.

1984

13. Juli: ZDF, ORF und SRG gründen das 3sat-Satelliten-Fernsehprogramm, das vom 1. Dezember an aus dem ZDF-Sendezentrum Mainz ausgestrahlt wird.
6. Dezember: Mit der Eröffnung des Sendebetriebsgebäudes sind nun alle Redaktionen, die Produktion, die Technik und die Verwaltung des ZDF auf dem Mainzer Lerchenberg vereint.

1989

28. Juni: Die Ministerpräsidenten der Bundesländer beschließen die Planung des Deutsch-Französischen Fernsehkulturkanals ARTE.
2. Oktober: Das »ZDF-Mittagsmagazin« sendet wochentags zwischen 13 Uhr und 13.45 Uhr.

1991

Intendant Professor Dieter Stolte eröffnet in Potsdam-Babelsberg, Schwerin, Erfurt, Dresden und Magdeburg offiziell die Korrespondentenstellen des ZDF in den Hauptstädten der fünf neuen Bundesländer.

30. April: Die Intendanten Dieter Stolte (ZDF) und Willibald Hilf (ARD) unterzeichnen gemeinsam mit Jérôme Clément für »La Sept« den Gründungsvertrag für den Europäischen Fernsehkulturkanal ARTE, der am 30. Mai 1992 den Sendebetrieb aufnimmt.

1992

20. Juli: Sendebeginn des »ZDF-Morgenmagazins«. Dieter Stolte wird Vorsitzender des Aufsichtsrats der neugegründeten ZDF-Tochtergesellschaft ZDF *Enterprises GmbH*, die am 1. Januar 1993 ihre Arbeit aufnimmt.

1993

8. Juli: Verantwortliche von ZDF, ORF, SRG und ARD in Mainz unterzeichnen einen neuen 3sat-Vertrag, der die Beteiligung der ARD als Mitveranstalter des Satellitenprogramms regelt.

1994

1. Januar: Der Staatsvertrag für das Deutschlandradio tritt in Kraft. Aus den beiden Funkhäusern in Köln und Berlin werden zwei Programme mit den Schwerpunkten »Information und Kultur« gesendet.

16. Juni: Breitwandfilme und elektronische Eigenproduktionen können im neuen Breitbildformat 16:9 realisiert und in PALplus ausgestrahlt werden.

17. September: »Wetten, dass..?« wird als erste Unterhaltungs-Show in Dolby Surround Rundum-Tonverfahren ausgestrahlt.

1996

23. Februar: Professor Dr. Dieter Stolte wird wiedergewählt.
Das ZDF schließt mit Microsoft einen Kooperationsvertrag zur Gestaltung von ZDF.online

1997

1. Januar: Start des gemeinsamen Kinderkanals *Kika* von ZDF und ARD, der gewalt- und werbefreies Programm aus Erfurt ausstrahlt.
7. April: Der gemeinsame Dokumentationskanal Phoenix von ARD und ZDF startet in Köln.

1998

Das ZDF verbessert die Wettbewerbsfähigkeit am Vormittag, am Nachmittag und am späten Abend.

1999

8. Dezember: Intendant Dieter Stolte und der Präsident von ITN und EuroNews, Stewart Purvis, unterzeichnen ein Digitalbouquet-Abkommen. Der digitale Theaterkanal in ZDF*vision* startet.

2000

3. Februar: Der Zollernhof in Berlin »Unter den Linden« wird neues Hauptstadtstudio.

2001

30. Januar: Das Sendezentrum 2 auf dem Lerchenberg wird eröffnet. Dort hat die ZDF-Direktion »Europäische Satellitenprogramme« mit 3sat, ARTE, ZDF*theaterkanal* und ZDF*vision* ihren Sitz.
2. Juni: Orange löst die bisherige Hausfarbe Blau im Erscheinungsbild ab. Das neue Logo wird eingeführt.

2002

9. März: Markus Schächter wird zum Intendanten gewählt und löst Dieter Stolte ab, der sich nach 40 Jahren, davon 20 Jahre als Intendant, verabschiedet.

1. November: Das ZDF startet gemeinsam mit anderen Programmanbietern ein digitales terrestrisches Fernsehen.

2003

28. Februar: Im Großraum Berlin / Brandenburg startet mit ZDF-*mobil* ein terrestrisches Digitalangebot für den portablen und mobilen Fernsehempfang auf Laptops, Organizern und Handys.

10. Juni: In Banff (Kanada) wird das ZDF als »Sender des Jahres 2003« ausgezeichnet. Den »Global Television Outstanding Achievement Award« erhält das ZDF für »die Bandbreite und die Qualität des ZDF-Programms über viele Jahre hinweg«.

2004

1. Oktober: In einer öffentlichen Selbstverpflichtungserklärung bekennt sich das ZDF zum Informationsangebot als tragende Säule des Programms.

1. Dezember: Zum 20-jährigen Bestehen von 3sat würdigt Intendant Markus Schächter das Kulturprogramm als unverzichtbaren Bestandteil der deutschsprachigen Medienlandschaft.

2005

20. Mai: Intendant Markus Schächter informiert über Zukunftsstrategien des Senders. Der Übergang vom analogen ins digitale Fernsehzeitalter soll ebenso gemeistert werden wie die Weiterentwicklung eines vielfältigen Programmangebots unter der »Dachmarke ZDF«. Das ZDF ist Marktführer unter den deutschen Programmanbietern.

2006

4. Juli: Knapp 30 Millionen Zuschauer (Marktanteil: 84,1 Prozent) verfolgen das Spiel im Halbfinale der Fußball-Weltmeisterschaft zwischen Deutschland und Italien. Der höchste jemals gemessene Zuschauerwert.

2007

September: Zur Internationalen Funkausstellung in Berlin präsentiert das ZDF eine modernisierte Mediathek mit neuem Videoportal für das Internet. Sendungen können auf Abruf empfangen werden.

2008

Juni: Ein überdimensionales Auge in der »Tosca«-Kulisse auf der Bregenzer Seebühne wird zum Wahrzeichen der Übertragungen von der Fußball-Europameisterschaft.

2009

17. Juli: Eine Zukunftsvision wird wahr. Die »heute«-Nachrichten und das »heute journal« werden im neuen virtuellen Nachrichtenstudio produziert.

1. November: Der ZDF*dokukanal* wird zu ZDF*neo* mit einem Programmangebot für Zuschauer zwischen 25 und 49 Jahren umgewandelt.

2010

Zur Fußball-Weltmeisterschaft berichtet das ZDF verstärkt über Afrika, um den Zuschauern in allen Programm-Bereichen den Kontinent näherzubringen.

2011

17. Juni: Programmdirektor Dr. Thomas Bellut wird als Nachfolger von Markus Schächter zum Intendanten gewählt.

2012

15. März: Dr. Thomas Bellut tritt sein Amt als Intendant an. Nachfolger als Programmdirektor wird Norbert Himmler, der zuvor ZDF*neo* verantwortete.

Juli: Mit seinen Übertragungen von der Fußball-Europameisterschaft in Polen und der Ukraine fährt das ZDF Rekordquoten ein. Das futuristische Außenstudio in Usedom an der Ostsee wird zur viel diskutierten Publikumsattraktion.

HELMUT MARKWORT,
HERAUSGEBER DES *FOCUS*

Was war beim Start des Programms das Besondere am ZDF?

Der Wettbewerb war zunächst einmal großartig. Das kann sich ja heute keiner mehr vorstellen. Da gab es Sendelücken, da gab es vormittags kein Fernsehen, da gab es am späten Abend kein Fernsehen mehr und in der Nacht schon gar nicht. Da war es schon eine Sensation, dass man zwischen zwei Programmen hin- und herschalten konnte.

[Im Januar 1984 starteten die beiden Privatsender SAT 1 und RTL mit ihren Programmen. War das so etwas wie eine kopernikanische Wende für das öffentlich-rechtliche Fernsehen?]

SAT 1 und RTL haben das Unterhaltungsspektrum im Fernsehen sehr verbreitert. Den Informationsanteil haben sie dabei nicht wesentlich erhöht. Stattdessen begann so richtig der Kampf um die Quote zwischen den einzelnen Sendern. Die Intention der Politik, Privatsender zu gestatten, war es ja, eine andere politische Gewichtung zu erzielen. Denen war die ARD mit den Klassikern »Panorama«,

»Monitor« und »Report« zu weit links. Da haben die bürgerlichen Parteien gedacht, wenn wir Lizenzen verteilen, wird eine andere politische Meinung gefördert: nämlich unsere. Und es begann ja auch so bei SAT 1, wo Helmut Kohl mehrmals interviewt wurde.

Doch der gewünschte Effekt ist nicht eingetreten, weil die Privaten schnell gelernt haben, dass sie mit Politik keine Quote einfahren können. RTL bringt heute ja sogar Interviews mit der Kanzlerin erst um Mitternacht. Ein politisches Gegengewicht haben also die Privaten nicht geschaffen, doch sie haben es geschafft, die Akzeptanz der politischen ARD- und ZDF-Sendungen zu senken. Die Zuschauer haben einfach weitere Möglichkeiten bekommen, zu Quiz und Show umzuschalten.

[Was wünschen Sie dem ZDF zum Jubiläum?]

Große Fernsehereignisse. Das Tolle am Fernsehen ist ja das »in die Ferne« sehen. Dabei sein bei kulturellen und politischen Veranstaltungen. Und ich wünsche ihm, dass es sich wieder ein paar Fernsehspiele von der guten alten Qualität leistet, die früher zu den Höhepunkten des Programms gezählt haben.

Die Privaten sind da

»Im Jänner machen wir auch Fernsehen!«

Wie der Start von RTL die Fernsehlandschaft veränderte | Ein Macher erinnert sich | Gust Graas und die Zeit der Pioniere

Ein trüber Nachmittag im Oktober 1983. Im Konferenzraum der Luxemburger »Villa Louvigny« beendet Programmdirektor Helmut Thoma die Sprecherkonferenz der deutschen Hörfunkmacher. Routine. Als die Kollegen schon zur Tür streben, sagt Thoma so nebenbei: »Übrigens, im Jänner machen wir auch Fernsehen!« Ein Satz, der elektrisiert. Eine Aussage, die das Fernsehen über Jahrzehnte verändern wird, vor allem die öffentlich-rechtlichen Programme in Deutschland. Seit Jahren haben die Luxemburger Radiomacher auf dieses Signal gewartet. Endlich würden sie wirklich berühmt werden. Nicht nur ihre Stimmen wären dem Publikum jetzt vertraut, auch ihre Gesichter würde fortan jeder kennen.

Die Einführung des Privatfernsehens in Deutschland war ein Paukenschlag des damaligen Bundeskanzlers Helmut Kohl. Er wollte der regierungskritischen, in weiten Teilen politisch linken ARD und dem konservativen ZDF eine perfekte Unterhaltungsmaschinerie entgegenstellen: unbeschwerten Spaß statt staatstragende Information.

Der Versuch ist gelungen. Im deutschen Privatfernsehen tummeln sich seit Jahrzehnten Nackte und Doofe, werden Kinder

erzogen und Frauen getauscht, Kneipen umgebaut und Schulden getilgt. Ganz zu schweigen von den unzähligen Talent-Shows, in denen geträllert, gemodelt und geweint wird.

Angepeiltes Ziel ist die Einschaltquote, jene magische Zahl, die jeden Tag aufs Neue auf den Schreibtischen der Intendanten und Programmdirektoren landet, die über das Wohl und Wehe von Moderatoren, Redakteuren und Filmproduzenten entscheidet. Hoffnungsvoll gestartete Formate verschwinden sogleich im Giftschrank des Senders, wenn sie nicht das halten, was man sich von ihnen versprochen hat: möglichst viele Millionen Zuschauer zu fesseln.

Was am 2. Januar 1984 mit zwanzig Mitarbeitern und einem Jahres-Etat von zwanzig Millionen Mark in einem winzigen Studio im luxemburgischen Bartringen begann, hat sich zum wirtschaftlich erfolgreichsten TV-Unternehmen Europas gemausert: »*RTL – Radio-Télé-Luxembourg*«. Der Name deutet auf seine Herkunft, und der Unternehmenssitz ist nach wie vor im Glaspalast auf dem Luxemburger Kirchberg. Eigentümer der medialen Gelddruckmaschine ist längst der Bertelsmann-Konzern in Gütersloh. Dessen Radio- und Fernsehstationen in ganz Europa sorgen für satte Gewinne. Von den einstigen Machern aus dem Großherzogtum sind im Kölner Medienzentrum am Rhein nur noch Chefredakteur Peter Klöppel und Sportmoderatorin Ulrike von der Groeben übrig geblieben. Helmut Thoma, dem seine Kritiker vorwarfen, dass er vor allem mit Po und Busen erfolgreich war, wurde ins Privatleben gedrängt.

Als er an jenem historischen Nachmittag in der »Villa Louvigny« gefragt worden war, wie er sich denn das Programm RTL PLUS vorstelle, antwortete Helmut Thoma: »Es muss bunt sein und es muss sich was bewegen!«

Und als später auf einer eilig einberufenen Pressekonferenz Journalisten sich erkundigen, ob er denn auch Oper- und Theateraufführungen ausstrahlen wolle, schlichtweg sich der Kultur verpflichtet fühle, antwortete der Wiener lakonisch: »Kultur ist, wenn man einschläft!«

RTL ist wie das ZDF eine Erfolgsgeschichte. In seiner Frühzeit nur über Antenne in einem Umkreis von 100 Kilometern um Luxemburg herum erreichbar, ist es heute nicht selten Marktführer im deutschsprachigen Raum und ist eben doch nicht so naiv, dummdreist oder oberflächlich, wie es von Kritikern oft gemacht wird. Formate wie »Deutschland sucht den Superstar« oder »Wer wird Millionär?« sind längst von den Öffentlich-Rechtlichen kopiert worden.

Als Pioniere wagen sich die Kölner immer wieder an neue Konzepte. Doku-Formate – sogenannte »Scripted Realitys« – sollen den Alltag der Zuschauer zeigen. Das ARD-Magazin »Panorama« spricht von einer »inszenierten Pseudowirklichkeit«, nennt das Ganze »Lügenfernsehen«, in dem naive Laiendarsteller auf Kosten der Quote ausgebeutet würden. Das echte Leben abzubilden, so gibt ein Produzent zu, sei einfach zu teuer.

Vor allem die Talent-Shows und das Millionärsquiz von Günther Jauch mutierten zu televisionärem Federvieh, das fortwährend goldene Eier legt.

Bis zu 90.000 Euro bringt ein 30-sekündiger Werbespot in einer Show wie »Deutschland sucht den Superstar« am Samstagabend. Kritiker des »seichten Privatfernsehens« wollen nicht wahrhaben, dass die Suche nach dem besten Tanzpaar, dem schönsten Fotomodell, einem Leben als Schlagerstar oder einer Maden-Mahlzeit im »Dschungelcamp« hohes emotionales Potenzial besitzen. Da werden wahre Geschichten erzählt von der Sehnsucht der Kandidaten nach einem Leben in der Welt der Reichen und Schönen.

Kein Wunder, dass bei ARD und ZDF schon lange die Alarmglocken läuten. Dabei hätten es die öffentlich-rechtlichen Anstalten nicht nötig, sich dem permanenten Quotendruck auszusetzen. Allein die ARD erhält jährlich 6,3 Milliarden Euro an Rundfunkgebühren und Werbeeinnahmen. Täglich werden 240 Programmstunden ausgestrahlt, die von 23.000 festen Mitarbeitern hergestellt werden. Damit ist die ARD der größte nichtkommerzielle Fernsehsender der Welt. Ihr Programmdirektor entscheidet mit seinen Kollegen in den neun Rundfunkanstalten, was Millionen von Zuschauern zu sehen bekommen.

Doch der Apparat scheint zu schwerfällig, um aktuell zu reagieren. So wurde der Entertainer Stefan Raab von *Pro Sieben* geholt, um den »Eurovision Song Contest« zu retten. Viele geschmähte Serien wie das »Dschungelcamp« erreichten inzwischen auch das klassische ARD-Publikum, von dem ein Teil zum »Erzfeind« RTL abgewandert war. Nach einer Untersuchung hatte jeder dritte Dschungelcamp-Zuschauer Abitur, jeder fünfte gar einen Studienabschluss.

Inzwischen haben neue Medien eine globale Informationsfreiheit geschaffen. Über Internet, Facebook und Twitter erfährt die Welt vom Walten der Mächtigen, von ihren Ränken und Intrigen. Bilder von Aufständen erreichen die Welt in Echtzeit. Dokumente von Erdbeben kommen von den Handykameras der Augenzeugen. Dass mit der Einführung des Fernsehens die Büchse der Pandora geöffnet worden ist, wollen selbst seine vehementen Kritiker nicht bestätigen. Auch das seit 1984 auf deutsches Publikum zielende Privatfernsehen hat die Welt nicht an den Rand des Abgrunds geführt.

Gust Graas – einer der Männer, die damals die Fäden spannten – erinnert sich an die turbulente Pionierzeit in Luxemburg. Für unser Gespräch holt mich der ehemalige CLT-Generaldirektor *(Compagnie Luxembourgeoise de Télédiffusion/CLT)* vom Bahnhof ab. Und bietet mir gleich das »Du« an. Ich reagiere etwas verlegen, schließlich war Graas so etwas wie der liebe Gott von RTL, den wir – wenn überhaupt – nur selten zu Gesicht bekamen. Er agierte schlichtweg über den Wolken. Das Interview führen wir in seinem Haus in Senningerberg und setzen es beim Mittagessen im Golfclub fort.

[Gust, Frank Elstner hat mich 1973 zu *Radio Luxemburg* geholt, mit dem Versprechen, wir machen demnächst Fernsehen für Deutschland. Dann hat es aber noch zehn Jahre gedauert, bis es endlich losging. Warum so lange?]

Das ist eine ebenso lange Geschichte. Wenn man in einem kleinen Land lebt, das von drei großen Ländern umgeben ist, will man hinaus. Und mit RTL hatten wir die Möglichkeit, zu unseren Nachbarn zu gehen. Mit dem Hörfunk waren wir schon in Frankreich gut vertreten und hatten damit begonnen, in Belgien und Frankreich auch Fernsehen zu machen. Das Land, das uns am meisten interessierte, war Deutschland. Damals war Helmut Schmidt Bundeskanzler, der strikt gegen privates Fernsehen eingestellt war. »Nur über meine Leiche«, soll er mal gesagt haben. Doch ich hatte einen Verbündeten bei der CDU, Christian Schwarz-Schilling. Als er später Postminister wurde, hat er mir viel geholfen.

In den 1970er-Jahren gab es eine europäische Vereinbarung, die jedem Land einen Fernsehsatelliten mit fünf Programmen zugestand. Auf diese Weise wären alle deutschen Haushalte für die Luxemburger Programmmacher zu erreichen gewesen. Eine kleine Antenne auf den Fernsehgeräten hätte genügt.

Das war 1984, als wir mit RTL Plus bereits gestartet waren, aber mit unseren Sendemasten nur Zuschauer in einem Umkreis von 100 Kilometern erreichten. Mit einem Mal hätten wir aus dem Orbit ganz Deutschland versorgen können. Als die französische

Der Vertrag ist perfekt: RTL hat in Bertelsmann den idealen Medienpartner gefunden. In der »Villa Louvigny« in Luxemburg wird das Abkommen zwischen dem damaligen Bertelsmann-Vorstand Manfred Lahnstein (links) und CLT-Generaldirektor Gust Graas per Handschlag besiegelt.

Regierung von unseren Plänen hörte, hat sie uns angeboten, auf ihrem geplanten Satelliten von den fünf Programmen eines für Deutschland einzurichten. Zum Start der Trägerrakete war ich auf dem Weltraumbahnhof Kourou in Französisch-Guayana eingeladen. Es lief alles nach Programm, doch bald darauf stellte sich heraus, dass der Satellit seine Sonnensegel nicht ausfahren konnte, die er für die Energiegewinnung benötigte. Das war für mich eine große Enttäuschung. Ich wusste nicht, wie es weitergehen sollte.

[Hatten denn nicht die Techniker von RTL einen Plan B in der Tasche?]

Tatsächlich kam unser technischer Direktor Paul Faber eines Tages mit einer Liste von deutschen Frequenzen, die nicht benutzt waren. Inzwischen war Helmut Kohl Kanzler geworden, und der hat sofort gesagt: »Ich bin für privates Fernsehen.« Bei einem Treffen mit Schwarz-Schilling habe ich ihm die Liste gezeigt, die ihn sehr überrascht hat. Er war davon ausgegangen, dass die öffentlich-rechtlichen Sender sämtliche Frequenzen belegt hatten. Sollte es jedoch wirklich freie Plätze geben, würde er mir keine Schwierigkeiten bereiten. Zwei Tage später hat er mir grünes Licht gegeben.

Die stärksten Frequenzen waren in Nordrhein-Westfalen frei. Ministerpräsident Johannes Rau erklärte dem angereisten Luxemburger Generaldirektor jedoch klipp und klar, dass ein Fernsehprogramm für sein Land nicht aus Luxemburg kommen dürfe.

Es gab sogar ein Gesetz, das es einem ausländischen Unternehmen nicht erlaubte, in Deutschland privates Fernsehen zu installieren. So suchte ich mir eben geeignete Partner. Erst habe ich mit Axel Springer verhandelt, den ich mehrmals in seinem Privathaus besuchte. Es waren angenehme Gespräche, doch er zögerte seine Entscheidung hinaus. Dann hatten wir ein Treffen in seinem Büro vereinbart, die Verträge waren unterschriftsreif. Doch er kam nicht. Als er schließlich erschien – er hatte einen Termin bei seinem Zahnarzt gehabt –, war die Luft raus. Ich spürte, dass es mit uns nichts werden würde. So ist das im Leben, ein gutes Geschäft kann schon mal an Zahnschmerzen scheitern.

Graas hatte hehre Ziele. Er wollte nicht nur Gewinne machen, sondern auch mit Partnern zusammenarbeiten, die zu begeistern waren und zu hundert Prozent hinter ihm standen. Bei Bertelsmann stemmte sich ausgerechnet Firmenchef Reinhard Mohn gegen das Projekt. Er fürchtete, dass das Fernsehen die Werbeeinnahmen seiner Zeitungen und Zeitschriften schmälern könnte. »Mit Hubert Burda bin ich durch den Nymphenburger Schlosspark spaziert, doch auch er zeigte sich ziemlich abwartend«, erinnert sich Graas. Doch eines Tages kam »König Zufall« dem Luxemburger zu Hilfe. »Bei einem Flug mit der Concorde von Paris nach New York saß Reinhard Mohn neben mir.

Ohne große Hoffnungen habe ich mit ihm nochmals über die Sache gesprochen.« Eine Woche später erhielt Graas den Anruf des Vorstandsvorsitzenden Mark Wössner, der mit ihm »über das Fernsehen sprechen wollte«. Wössner hatte in der Vergangenheit nicht nur ein gutes Händchen für die Aktivitäten des Hauses Bertelsmann gehabt, er bewies seine Talente auch als Visionär. Bei einem Treffen mit Graas wurden sogleich feste Verabredungen getroffen. Ohne Not zahlte Wössner seinem neuen Geschäftsfreund eine stattliche Summe für die bereits entstandenen Entwicklungskosten des deutschen Programms. »Dabei war klar, dass wir in Deutschland fünf Jahre brauchen würden, um Gewinne zu machen«, erzählt Graas. »Wir mussten 60 Prozent der Deutschen erreichen, von denen mindestens 15 Prozent RTL-Zuschauer sein sollten. Aber wir beide glaubten an das ganz große Geschäft.«

[Und das ist es ja dann auch geworden.]

Es hat von 1984 bis 1989 gedauert, bis wir die Gewinnschwelle erreichten. Im Jahr danach kamen wir in die Gewinnzone. Wössner hat mir gesagt, er hätte noch nie ein Unternehmen erlebt, dessen Erwartungen sich so punktgenau erfüllt hätten.

Graas holte zusätzlich die *Westdeutsche Allgemeine* mit zehn Prozent der Anteile ins Boot, die sie aber schnell wieder mit Gewinn verkaufte. Um einen wirklich guten Eindruck in der Öffentlichkeit zu machen, waren später die *Frankfurter Allgemeine Zeitung* mit zwei Prozent und der Burda-Verlag mit einem Prozent dabei. »So haben wir stets 51 Prozent an RTL und damit die Programmhoheit behalten können«, lächelt Graas.

Irgendwann hat Rau zu mir gesagt, jetzt haben Sie alles, was Sie wollen. Jetzt müssen Sie nur noch den Sender hierherbringen. Ich habe eingesehen, dass wir von Luxemburg aus kein deutsches Vollprogramm machen konnten. Doch vor einem Umzug an den Rhein stand erst einmal die Luxemburger Regierung. Schließlich war RTL nicht nur ein Aushängeschild für das Land, sondern auch ein guter Steuerzahler. Wenn wir 300 Millionen Gewinn gemacht hatten, mussten wir der Regierung 100 Millionen abgeben für die Exklusivität, die wir in Luxemburg hatten. Und 100 Millionen an Steuern. Von den übrig gebliebenen 100 Millionen musste ich noch den Anteil für die Aktionäre abziehen.

Auch der eigene Verwaltungsrat zögerte bei der Vorstellung, fünf Jahre lang für Defizite aufkommen zu müssen. Schließlich waren alle Entscheidungsträger einverstanden, und die Suche nach einem Standort jenseits der Luxemburger Grenze konnte beginnen. Mehrere westdeutsche Städte zeigten Interesse, den Zuschlag erhielt schließlich Köln.

Wir waren ja ein Medienzwerg damals, mit 37 Leuten, die das Programm produzierten. Als ich dem WDR-Intendanten Friedrich Nowottny meine Aufwartung machte und ihm ankündigte, dass wir in seiner Nachbarschaft ein Fernsehprogramm starten wollten, war er nicht sehr erschüttert. Er hat nicht erwartet, dass wir irgendwann eine Konkurrenz werden könnten.

[Wir Hörfunk-Leute haben damals sehr bedauert, dass Frank Elstner als Programmdirektor ausgestiegen war, weil er ja sein »Wetten, dass..?« gemacht hat. Er wäre doch ein guter Direktor von RTL PLUS geworden?]

Da stimme ich zu, und ich habe ihm das auch schon ein paar Mal gesagt. Statt ihm wurde es Helmut Thoma, der lange die IPA (Werbegesellschaft für RTL, R.H.) in Frankfurt geleitet hatte. Im Nachhinein glaube ich, es wäre weiser gewesen, wenn ich den Frank genommen hätte.

[Frank Elstner war eher der Mann fürs Programm. Thoma war ein eloquenter Jurist, eher ein Taktierer, kein Kreativer.]

Thoma war auch ein Zyniker. Ich war nicht immer einverstanden mit dem, was er im Programm geleistet hat.

[Heute ist die in Luxemburg amtierende RTL-Group mit 45 Fernseh- und 32 Radiosendern Europas größter Betreiber von werbefinanzierten Programmen. Was gibt es noch zu tun?]

Die Suche nach neuen Standorten geht weiter. China zum Beispiel ist ein idealer Markt. Bertelsmann kann zufrieden sein, dass es diese Sparte hat. Ohne RTL wären die Gütersloher nicht mehr dieser mächtige Konzern, der er einmal war.

[Gust, knipst du dich noch manchmal durch die RTL-Programme?]

(seufzt) Eher nicht. Ich schaue manchmal hinein. Aber ehrlich: Eigentlich wäre ich lieber Intendant von einem öffentlich-rechtlichen Sender gewesen.

RTL ist zweifellos das Lebenswerk von Gust Graas, doch er hätte auch ganz gut ohne Radio und Fernsehen leben können. Als Künstler ist er inzwischen international anerkannt; noch heute steht er den ganzen Tag über im Maler-Atelier. Dass er in den oft schwierigen Verhandlungen mit den öffentlich-rechtlichen Fernsehanstalten stets anständig und fair geblieben sein muss, zeigt mir eine Szene auf der Geburtstagsfeier von Frank Elstner in Baden-Baden. Als der frühere ZDF-Intendant Dieter Stolte erfährt, dass Gust Graas ebenfalls unter den Gästen weilt, steht er spontan auf, um ihn zu umarmen.

Anhang

Literatur

Elstner, Frank: *Wetten Spass ...Mein Leben, meine Gäste, meine Shows.* Herder: Freiburg 2012

Friedrichs, Hanns Joachim mit Harald Wieser: *Journalistenleben.* Droemer Knaur: München 1994

Heck, Dieter Thomas: *Der Ton macht die Musik. Erinnerungen.*
Universitas: München 1990

Holbe, Rainer: *Zeitgeist.* Knaur: München 1991

Kürten, Dieter: *Drei unten, drei oben. Erinnerungen eines Sportjournalisten.* Rowohlt-Verlag: Reinbek bei Hamburg 2003

Lojewski, Wolf von: *Live dabei. Erinnerungen eines Journalisten.* Gustav Lübbe Verlag: Bergisch-Gladbach 2001

Schönherr, Dietmar: *Die blutroten Tomaten der Rosalia Morales.* Heyne: München 2002

Schönherr, Dietmar: *Sternloser Himmel: Ein autobiographischer Roman.* Eichborn: Frankfurt am Main 2006

Scholl-Latour, Peter: *Die Welt aus den Fugen. Betrachtungen zu den Wirren der Gegenwart.* Propyläen: Berlin 2012

Stolte, Dieter: *Mein Leben mit dem ZDF. Geschichte und Geschichten.* Nicolai-Verlag: Berlin 2012

Virchow, Martin: *Die 100 vom Fernsehen.* Gustav Lübbe Verlag: Bergisch- Gladbach 1973

Völkel, Michael: *Das Lexikon der TV-Moderatoren.* Schwarzkopf & Schwarzkopf: Berlin 2003

Danke schön!

Der Autor bedankt sich für die Unterstützung des Projektes bei all seinen Gesprächspartnern, vorwiegend bei Dieter Kürten und Dieter Stolte sowie bei Carmen Sauerbrei, Michael Sommer, Alexander Stock und Torsten Vagt vom ZDF für ihre Hilfe. Und bei Ulrike Reverey für das perfekte Lektorat.

Bildquellen

Cover-Motive:
Mainzelmännchen: ZDF; Bilderleiste *oben*: ZDF/Carmen Sauerbrei (li.), ZDF/Sascha Baumann (Mi.), Rainer Holbe/Privatarchiv (re.); *unten*: ZDF/Renate Schäfer (li.), ZDF/Kerstin Bänsch (Mi.), ZDF/Barbara Oloffs (re.), aktuelle Adresse unbekannt.

Innenteil:
Vorspann (Mainzelmännchen): ZDF, S. 19 (Filmrolle): Helio Repro GmbH, S. 22/23: ZDF/Telesibirsk (Schafherde), S. 31: ZDF/Carmen Sauerbrei, S. 38/39: ZDF/NFP, S. 43: ZDF/Jürgen Detmers, S. 46: Agentur Peter Bischoff, S. 59: ZDF/Jürgen Detmers, S. 66: Agentur Peter Bischoff/Matthias Röhe, S. 77: ZDF/Carmen Sauerbrei, S. 96: ZDF/Renate Schäfer, S. 115 + S. 116: Agentur Peter Bischoff, S. 131 (Personenmotiv) + S. 134: ZDF/Mathias Wohlrab, S. 131 (Filmrolle): Helio Repro GmbH, S. 137: ZDF/Sascha Baumann, S. 140: ZDF/Kerstin Bänsch, S. 154: ZDF/Svea Pietschmann, S. 163 (Ausschnitt) + S. 165: ZDF/Sascha Baumann, S. 168: ZDF/Franz Hinterbrandner, S. 171 + S. 175: ZDF/Carmen Sauerbrei, S. 177 (Personenmotiv) + S. 181: ZDF/Renate Schäfer, S. 177 (Filmrolle): Helio Repro GmbH, S. 196: Dieter Kürten/Privatarchiv, S. 199 + 202: ZDF/Renate Schäfer, S. 212: Focus, Nachspann (Mainzelmännchen): ZDF.

Rainer Holbe/Privatarchiv:
S. 11, 14, 16, 17, 19 (Szenenmotiv), 23, 28, 40, 49, 53, 73, 82, 86 (Foto v. Stefan Gelberg), 92, 105 (Foto v. Stefan Gelberg), 109, 113, 118, 121, 126/127, 129 (li., re.), 143, 150, 158, 187, 192, 219.

Personenregister